D1922782

Beate Holm-Grünberg

Warum die Wippe kippt

Beate Holm-Grünberg

Warum die Wippe kippt

Das Naturgesetze-Forscher-Buch für Kita und Grundschule

HERDER

FREIBURG · BASEL · WIEN

MIX
Paper from responsible sources
FSC® C010798
FSC www.fsc.org

www.herder.de

Umschlaggestaltung: SchwarzwaldMädel, Simonswald
Layout und Satz: typopoint GbR, Ostfildern
Umschlagfoto: Hartger Holm-Grünberg
Fotos im Innenteil: S. 18 unten © Thomas Ernst/Stiftung Haus der kleinen Forscher, S. 20 © Karina Sturm/pixelio.de, S. 76 © Thorsten Pahlke/pixelio.de, S. 85 © VRD-Fotolia.com, alle übrigen Fotos: Hartger Holm-Grünberg

Herstellung: Graspo, Zlín
Printed in the Czech Republic

ISBN 978-3-451-32737-7

Inhalt

Vorwort

Spielplatzforscherinnen und Weltentdecker

Der Titel dieses Buches greift eine Kinderfrage auf, die Eltern und pädagogische Fachkräfte täglich hören: »Warum?«

Kinder fragen, was das Zeug hält: Sie stellen sich selbst, ihren Freunden, ihren Eltern und ihren Lernbegleiterinnen und Lernbegleitern Fragen – und das ist sehr gut. Denn in den Kinderfragen kommt eine Eigenschaft zum Ausdruck, die fast ein Naturgesetz ist: Neugier! Von Geburt an wollen Kinder die Welt begreifen und erforschen, was diese »im Innern zusammenhält« oder wie sie funktioniert. Wir Erwachsene sollten es ihnen ermöglichen, die Neugier möglichst lange zu erhalten.

Ich möchte auf naturwissenschaftliche Fragestellungen zu Naturgesetzen aufmerksam machen, die den Kindern im Alltag und im Besonderen auf Spielplätzen begegnen. Warum ausgerechnet auf dem Spielplatz experimentieren und forschen? Weil Kinder das von sich aus tun und Freude daran haben!

Allen vorgestellten Spielen und Experimenten ist etwas gemeinsam: Es sind Kräfte beteiligt – auf der Rutsche, beim Spiel mit dem Seil oder der Murmelbahn ... Wenn Kräfte selbst (wie z. B. die Erdanziehungskraft) für uns auch wenig greifbar sind, können wir doch ihre Wirkung direkt und am eigenen Körper erfahren. Jeder Mensch erlebt jeden Tag die Wirkung von Kräften – vom ersten Atemzug an. Dies macht die Beschäftigung mit Kräften und physikalischen Gesetzmäßigkeiten so »alltagstauglich« für den Einsatz in der Arbeit mit Kindern.

»Es ist wissenschaftlich erwiesen, dass ein Kind, lange bevor es dies verbalisieren kann, über ein implizites Wissen verfügt, das seine Bewegungen steuert. Dies ist ohne die Kenntnis von physikalischen Gesetzmäßigkeiten nicht möglich. Das Wissen über Kräfte, Geschwindigkeiten, Massen oder Hebelgesetze wird mit dem Körper erfasst« (Beins 2005).

Mit den Experimenten und Anregungen in diesem Buch möchte ich Möglichkeiten aufzeigen, wie Sie an diesen alltäglichen »Erfahrungsschatz« anknüpfen können! Bei der »Spielplatz-Physik« können oft zwei Bildungsbereiche gefördert werden, die selten im Zusammenhang gedacht werden: die naturwissenschaftliche und die motorische Förderung. Gerade körperliche und sinnliche Erfahrungen sind für Kinder in der digitalisierten Welt immer wichtiger. Mit dem Finger über ein Tablet-PC zu rutschen ist eine komplett andere Erfahrung, als über eine zugefrorene Pfütze oder frisch polierten Boden zu schlittern. Was denken Sie, warum Kinder das Runterlaufen auf einer schrägen Ebene so fasziniert – und dies unabhängig davon, ob es eine betonierte Auffahrt oder ein grüner Hügel ist? Ist es die Herausforderung, das Gleichgewicht zu halten, oder die Beschleunigung?

Mithilfe der vorgestellten Experimentierideen, die immer an eine Alltagssituation anknüpfen, werden Sie sehen, dass mehr Wissen über Naturgesetze auf dem Spielplatz und in Ihrer Umgebung wartet, als Sie vielleicht vermutet haben. Wer Zeit auf Spielplätzen verbracht hat, verfügt über viel Erfahrung mit physikalischen Gesetzmäßigkeiten, Mechanik und der Wirkung von Kräften – dieses Wissen wartet nur darauf, entdeckt und bewusst gemacht zu werden.

Definitionen grundlegender Fachbegriffe wie »Mechanik« oder »Kräfte« etc. finden Sie im Glossar auf den Seiten 88 ff.

Wissenserwerb macht dann Freude und befriedigt die Neugier, wenn der oder die Lernende selber aktiv werden kann. In meinen Workshops frage ich immer wieder nach guten Erinnerungen aus dem Physik- oder Chemieunterricht, und jedes Mal kommt die Antwort: »Schön war's, wenn wir selber etwas tun durften.« Nachhaltiges Lernen funktioniert so viel besser, wenn es aktiv und mit Alltagsbezug geschieht. Dem Einordnen in naturwissenschaftliche Zusammenhänge geht immer eine Phase des Entdeckens und Erfahrens voraus. Geben Sie den Kindern Zeit und Raum, Erfahrungen zu machen!

Selbstverständlich muss niemand mit den Kindern im Kindergarten die »Goldene Regel der Mechanik« thematisieren, aber selbstverständlich dürfen Sie es, falls die Neugier der Kinder oder ihre eigene Sie dahin treibt. Denn es ist meine Überzeugung, dass naturwissenschaftliche Phänomene sich durch die Reflexion vieler Erfahrungen des Alltags leicht erschließen. Trotzdem finden Sie in den einzelnen Kapiteln selbstverständlich auch Hintergrundinformationen, die naturwissenschaftliche Antworten auf einige der gestellten Fragen geben.

Auch wenn Sie die »richtige« Antwort haben: Sollte in Ihrem gemeinsamen Entdeckungs- und Forschungsprozess eine Warum-Frage auftauchen – dann geben Sie diese bitte unbedingt an die Kinder zurück: »Was denkst du, warum das so ist?« Automatisch erfahren Sie etwas über das Weltbild des Kindes und seine Art zu denken. Die Art, wie Kinder die Welt hinterfragen und Phänomene erklären, gibt wichtige Hinweise über ihren Entwicklungs- und Kenntnisstand. Die reine Wiedergabe von Wissen, wie z. B. das »korrekte« Antworten auf Fragen, wird meines Erachtens oft überschätzt. Dies hat sich im Online-Zeitalter und durch die ständige Verfügbarkeit von Wissen (u. a. Wikipedia) meines Erachtens überholt. Den Lernweg, den Wissenserwerb und das Verknüpfen von Wissen (»An was erinnert das?«) zu begleiten, ist wichtig. Selbstverständlich gehören gut platzierte Warum-Fragen der pädagogischen Fachkräfte zum Lernprozess dazu. Würde mir als Lernbegleitende keine Warum-Frage in den Sinn kommen, dann wäre ich nicht neugierig, und Neugier ist etwas, das auch zu jeder pädagogischen Fachkraft gehören sollte, denn: Neugier und Lust am Lernen sind ansteckend!

In diesem Sinne hoffe ich, dass ich Sie mit meiner Begeisterung für die alltagsnahen Möglichkeiten anstecken darf, zusammen mit Kindern die Wirkung von Erdanziehungskraft, Fliehkraft und Reibung zu erfahren und dem »Goldenen Satz der Mechanik« nachzugehen. Lassen auch Sie sich begeistern von der »Spielplatz-Physik«.

Beate Holm-Grünberg

Zu diesem Buch

In diesem Buch sind die Experimente fast ausschließlich mit klassischen Alltagsmaterialien oder Naturmaterialien durchzuführen, denn den Experimenten liegen immer Spielgeräte zugrunde, die in vielen Einrichtungen ohnehin vorhanden sind oder sich mit Naturmaterialien sehr schnell selber nachbauen lassen. So kann die naturwissenschaftliche Bildung im wahrsten Sinne des Wortes in die Natur verlegt werden.

Da dies Buch für den Elementarbereich geschrieben ist, ist es wichtig, die Kinder zuerst elementare Erfahrungen und Entdeckungen machen zu lassen, die danach oft in Forschen übergehen!

Herzlich willkommen!
Fragestellungen, die sich zum Beispiel mit der schiefen Ebene, der Wirkung von Kräften oder der Reibung beschäftigen, entstammen alle der Physik. Die Physik eignet sich für eine anfängliche Beschäftigung mit den Naturwissenschaften ganz besonders, da sie als »Mutter« aller Naturwissenschaften gilt. Der Begriff »Physik« stammt aus dem griechischen φυσική (physikē), was übersetzt bedeutet »wissenschaftliche Erforschung der Naturerscheinungen«.

Die Physik befasst sich stärker als die anderen Naturwissenschaften mit den Grundprinzipien, die die natürlichen Vorgänge bestimmen. Diese Grundprinzipien haben eine Eigenschaft, die alle Kinder sehr schätzen: Verlässlichkeit! Sich auf eine Sache verlassen zu können bedeutet Sicherheit. Die Sicherheit, dass sowohl in der Kita, zu Hause als auch im Auto – überall auf der Erde – ein Löffel nach unten fällt. Dabei sind Naturgesetze nichts anderes als Verallgemeinerungen aufgrund von hinreichend häufigen und zuverlässigen Ergebnissen von Beobachtungen. Beobachten können Kinder und pädagogische Fachkräfte im Allgemeinen sehr gut – also: Herzlich willkommen in einer guten Forschertradition!

Bei einigen »Forscher in Aktion[1]«-Anleitungen geht es auch ums Messen und Einsortieren: Was ist am Höchsten, Weitesten oder Schnellsten? Dieses Sortieren und Vergleichen machen die meisten Kinder im Elementarbereich von sich aus gerne, was für viele der vorgeschlagenen Experimente von Vorteil ist. Die mathematische Kompetenz der Kinder wird dabei ganz selbstverständlich mitgefördert.

Damit unterschiedliche Aspekte eines Spielgerätes überprüft und zwischen dem Erfahrungs- und Wissensschatz der Kinder differenziert werden kann, gibt es weiterführende Ideen zu einem

1 Immer wenn zur Charakterisierung der Angebote die Überschrift »Forscher in Aktion« oder »Kreative Forscher« etc. auftaucht, so sind selbstverständlich Forscherinnen und Forscher gemeint. Auf geschlechtergerechte Formulierungen wie »Forschende in Aktion« oder »Forscherinnen und Forscher in Aktion« wurde in diesem Fall ausnahmsweise im Hinblick auf die bessere Lesbarkeit verzichtet.

möglichen »Modellsystem«. Mit diesem Modellsystem kann auch im Gruppen- oder Klassenraum weitergeforscht werden.

Die Einheiten zu den Spielgeräten oder ein Fachbegriff aus dem fachlichen Glossar (siehe S. 88 ff.) lassen sich einzeln herausgreifen und direkt praktisch umsetzen. Es kann auch das ganze Buch als Grundlage für ein Projekt zum Thema Naturgesetze und Kräfte genutzt werden.

Die vorgestellten Praxiseinheiten beginnen mit möglichen Einstiegssituationen und Einstiegsfragen. Zur altersgerechten Einordnung der Themen und Fragen dienen die zwei folgenden Icons:

für Kinder von 3–6 Jahren

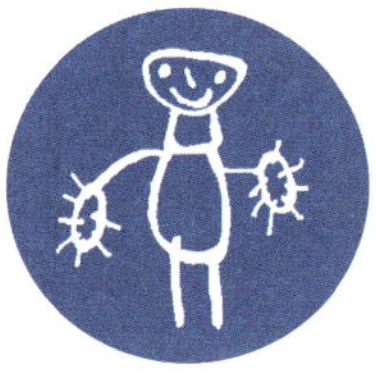

für Kinder von 6–8 Jahren

Selbstverständlich ist die Zuordnung der Icons keine normative, denn es gibt 4-Jährige, die auch bei »den Großen« mitmachen können, und ebenso 7-Jährige, denen elementare Erfahrungen fehlen.

Die benötigten Materialien sind aufgelistet, und der Materialaufwand wurde bewusst gering gehalten, damit auch spontan auftretende Einstiegssituationen im Freigelände genutzt werden können.

1 Was passiert denn hier?

Grundlagen der Spielplatz-Physik

Dieses Buch möchte in Ihnen die Begeisterung und das Staunen über die Naturwissenschaften auf einem Spielplatz wecken. Oft erschließt sich ein neues, spannendes Themenfeld, wenn eine ganz gewöhnliche »Spielsituation« einmal genauer betrachtet wird, wie z. B. das gemeinsame Wippen, das Balancieren auf einem Baumstamm oder der Versuch, einen Ball die Rutsche hochrollen zu lassen. Entdecken Sie gemeinsam mit den Kindern, wo sich auf dem Freigelände Ihrer Kindertagesstätte spielerisch Forschungssituationen ergeben, die Ihnen die Wirkungen von unterschiedlichen Kräften und Naturgesetzen zeigen. Öffnen Sie die Augen für das Erfahrungswissen, das sich Kinder und Erwachsene im Alltag angeeignet haben!

Mit den Kindern ins Thema einsteigen

Im bewegten Spielalltag mit den Kindern finden sich zahlreiche Situationen, die sich zum Beobachten und Experimentieren eignen:

- beim Schaukeln
- beim Spiel mit einem Seil
- beim Balancieren
- beim Be- und Abladen von Spielzeugautos

Das Forschertagebuch

Kinder im Elementarbereich verfügen nicht nur über eine intensive Beobachtungsgabe, sondern entwickeln und verfeinern auch ihr logisches Denken und ihr Abstraktionsvermögen. Dies macht es sehr spannend, ihnen bei den Erklärungen zu einem Phänomen und den möglichen Untersuchungs- und Problemlösungswegen zuzuhören. Im Gegensatz zu uns Erwachsenen fällt es Kindern meist nicht schwer, ihr Erklärungsmuster zu revidieren oder zu erneuern, wenn eine neue Erkenntnis dazukommt. Dabei sind Kinder aber in ihren Formulierungen oft gar nicht so weit von unseren Erklärungsmustern entfernt.

Damit diese Erklärungen nicht verschwinden und die Kinder ihren eigenen Entdeckungen und Fragen noch einmal nachgehen können, bietet es sich an, dass jedes Kind ein Forschertagebuch führt oder Sie die Aufzeichnungen ins Portfolio heften. In einem solchen Heft oder im Portfolio können die Kinder ihre persönlichen Beobachtungen zeichnen und Sie können ggf. die Erklärungen dazu für sie aufschreiben.

Solche selbst geführten Dokumentationen helfen den Kindern sehr beim »Lernen lernen«. Schauen sich die Kinder ihr Buch nach drei Monaten wieder an, lässt sich wunderbar der Wissenserwerb thematisieren. Der Mehraufwand von solchen Forschertagebüchern ist nicht so groß, wie es am Anfang erscheinen mag und wird deutlich durch den pädagogischen »Mehrwert« ausgeglichen! Versuchen Sie bei den Eintragungen nicht, die kindlichen Beobachtungen zu korrigieren oder zu kommentieren, sondern nutzen Sie auftretende Unstimmigkeiten für eine weiterführende Frage. So können die Kinder aktiv weiterlernen, denn sie haben die Chance, das Problem selbst zu erkennen und sich seiner anzunehmen.

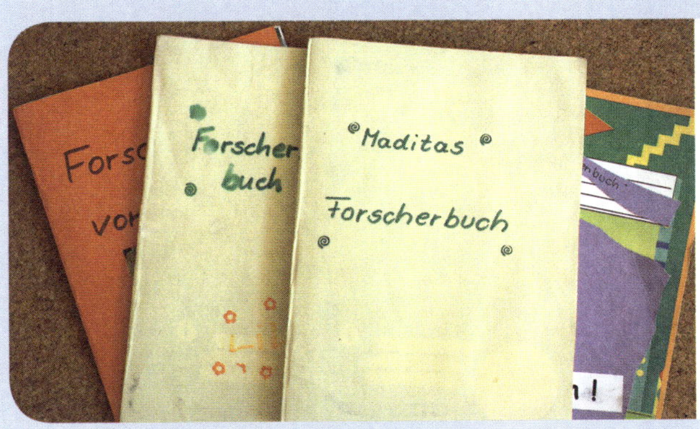

Selbstwirksamkeit fördern

Besondere Förderung erfahren die Kinder bei den vorgestellten Experimenten in ihrer Körperwahrnehmung und der Selbstwirksamkeit.

Die Experimente knüpfen an Bewegungserfahrungen der Kinder mit (meist) vorhandenen Spielgeräten an und ermöglichen das Erleben und Wahrnehmen naturwissenschaftlicher Phänomene mit dem eigenen Körper. Die Experimente sind ganz bewusst so ausgewählt, da das Erleben und die Wahrnehmung mit dem eigenen Körper nachhaltiges Lernen fördert und nebenbei das Körperbewusstsein der Kinder schult.

Besonders die körpernahen Sinne wie die Wahrnehmung von Schwerkraft, Gleichgewichtssinn (vestibuläres System) und der Körperbewegung im Raum werden durch die in diesem Buch vorgestellten Spiele und Experimente mit angesprochen. Den neurologischen Prozess, der Sinneseindrücke aus dem eigenen Körper und aus der Umwelt organisiert und es uns ermöglicht, den Körper effektiv in der Umwelt einzusetzen, nannte die US-amerikanische Entwicklungspsychologin Jean Ayres »sensorische Integration« (vgl. Ayres 2002). Eine Schlüsselrolle in diesem Prozess hat der Gleichgewichtssinn, denn er »formt die Grundbeziehungen, die ein Mensch zur Schwerkraft und seiner physischen Umwelt hat. Alle anderen Empfindungen werden unter Bezug auf diese grundlegende vestibuläre Information verarbeitet« (Ayres 2002, S. 65). Das Erfahren von physikalischen Gesetzmäßigkeiten wie Gleichgewicht, aber auch Schwerkraft, Widerstand und Fliehkraft, wird in der Psychomotorik den Material- und Sinneserfahrungen zugeordnet. Diese Erfahrungen fördern nicht nur die Körperwahrnehmung, sondern insbesondere auch die Selbstwirksamkeit.

Da die Selbstwirksamkeit für die Entwicklung von Kindern eine zentrale Rolle spielt, sind Fördermaßnahmen von großem Interesse. Die »Spielplatz-Physik« schafft es, zwei Bildungsbereiche zu vereinen, die oft nicht miteinander in Verbindung gebracht werden: motorische und naturwissenschaftliche Bildung.

Im Umgang mit den Spielgeräten erfahren die Kinder, dass sie eine Wirkung ausüben können und führen diese auf sich selbst zurück. Dieses Erfahren einer Wirkung durch das eigene Tun und ihr aktives Herbeiführen offenbart die eigenen Fähigkeiten. Kinder probieren daher von sich aus und experimentieren, was leider von ungeschulten Betrachtern manchmal als »die spielen ja nur« abgetan wird.

Die Kinder lernen durch dieses »Spiel«, und das Gefühl, etwas selber geschafft zu haben (»Ich kann schaukeln!«), ist eine gute Basis, um ein gesundes Selbstvertrauen zu erwerben.

Es verwundert daher nicht, dass die motorische und die naturwissenschaftliche Bildung und Förderung in ihren Zielsetzungen Analogien aufweisen.

Die Direktorin des Niedersächsischen Instituts für frühkindliche Bildung und Entwicklung, Prof. Dr. Renate Zimmer, formuliert für die psychomotorische Förderung von Kindern die Ziele folgendermaßen:

- Die Eigentätigkeit des Kindes fördern, es zum selbstständigen Handeln anregen.
- Durch Erfahrungen in der Gruppe zu einer Erweiterung seiner Handlungskompetenz und Kommunikationsfähigkeit beitragen.
- Dem Kind Gelegenheiten geben, die eigenen Ressourcen zu erfahren und sich als kompetent und selbstwirksam zu erleben.
- Die Selbstwahrnehmung des Kindes stärken.

Die Stärkung der Selbstwirksamkeit zählt ebenfalls bei der Initiative »Haus der kleinen Forscher«, die sich für die naturwissenschaftliche, mathematische und technische Bildung von Kindern in Kitas und der Grundschule engagiert, zu den zentralen pädagogischen Zielen: »Kinder erleben sich mit der Zeit immer sicherer beim Erforschen, Kommunizieren und Beantworten eigener Fragen und beim Lösen von Problemen, die auf dem Weg auftreten können. Sie spüren in ihrer Auseinandersetzung mit Naturwissenschaften, Mathematik und Technik: ›Ich kann das!‹ Diese Stärkung des eigenen Kompetenzempfindens und Selbstbewusstseins der Kinder ist ein zentrales Ziel der Initiative ›Haus der kleinen Forscher‹. Der Gewinn an Selbstbewusstsein und innerer Stärke ist von großer Bedeutung, wenn es darum geht, auf die Anforderungen wechselnder Situationen flexibel zu reagieren und schwierige oder veränderungsreiche Lebenslagen zu meistern, wie z. B. im Übergang von der Kita zur Grundschule (Pädagogik Boschüre HdkF, 4. Auflage 2013, S. 20; Download: http://www.haus-der-kleinen-forscher.de/fileadmin/Redaktion/1_Forschen/Paedagogik/Paedagogikbroschuere_2013.pdf).

Alle Experimente und Spielideen, die im Folgenden vorgestellt werden, beschäftigen sich mit Kräften. Die Kräfte beeinflussen unser Leben von unser Geburt an: Als Säugling müssen wir lernen, die Erdanziehungskraft zu überwinden und Arme, Beine und Kopf zu heben. Ohne die Erdanziehungskraft würde der Kaffee nicht in der Tasse bleiben. Die Anziehungskräfte im Weltall und die Zentrifugalkraft bestimmen die Umlaufbahn der Erde und damit unseren Tag-Nacht-Rhythmus, sowie den Wechsel der Jahreszeiten. Ohne Muskelkraft und Kraftübertragung könnten wir keinen Kinderwagen schieben oder Bollerwagen ziehen. Wir alle haben bereits vielfältige Erfahrungen mit »Kräften« gesammelt, bewusst ist uns dieses Wissen (meist) nicht.

Bevor Sie sich gemeinsam mit den Kindern aufmachen, die Wirkung von Kräften auf dem Spielplatz zu beobachten, sollten die kleinen Forscherinnen und Forscher ein wichtiges Handwerkszeug der Naturwissenschaftler kennenlernen: das Messen. Das Messen ist auch für die großen Forschenden ganz wichtig, und Kinder wissen in der Regel bereits eine Menge darüber.

Messen und Messgeräte

Das genaue Maß ist nicht nur beim Freistoß in einem Fußballspiel sehr wichtig, sondern auch, um uns vielleicht abstrakt erscheinende Phänomene anschaulich zu machen.

Forscherfragen

- Welche Messgeräte kenne ich?
- Welche Messgeräte gibt es in unserer Einrichtung?
- Was für Maßeinheiten sind auf einem Messbecher?
- Sind Schuhgrößen in Zentimeter angegeben?
- Welche Kleidergrößen für Kinder gibt es?
- Was für Zeitmessgeräte gibt es in unserer Einrichtung? Kalender? Sonnen- oder Sanduhren?

Für kleine und große Forschende gilt, dass den Messungen etwas Wichtiges vorangegangen ist, was pädagogischen Fachkräften und Kindern so selbstverständlich ist, dass sie dies kaum mehr aktiv wahrnehmen: Beobachten. Durch Beobachten stellen wir Phänomene fest, durch Messungen lassen sich quantitative Aussagen über den beobachteten Gegenstand oder Vorgang machen, zur Größe, der Anzahl oder der Menge.

Wichtig ist dabei, dass die gemessenen Größen sich auf eine klar definierte Maßeinheit oder einen Vergleich beziehen. Die Maßeinheit kann bei Längenmessungen z. B. durchaus die Länge eines Bleistifts sein und muss nicht in metrischen Maßen (Meter, Zentimeter etc.) angegeben werden! Wichtig ist, dass sich alle auf diese Maßeinheit einigen, damit jeder weiß, was gemeint ist, wenn z. B. von einer »fünf Bleistifte« langen Kordel die Rede ist.

In Deutschland werden Messgeräte wie Uhren, Waagen oder Zentimeterstäbe immer geeicht und vom TÜV geprüft. Eine solche Prüfung würden die im Folgenden vorgestellten Messgeräte nicht überstehen, das ist aber auch gar nicht das Ziel: Hier geht es darum, beim Messen erste Erfahrungen mit einer naturwissenschaftlichen Arbeitsweise zu sammeln.

Messen – einfach (un)kompliziert

Früher haben die Menschen Körperteile als Maßeinheit für Längenmaße verwendet: der Fuß, die Elle, die Fingerbreite, die Handbreite, der Schritt ... Da musste nicht jeder den Norm-Bleistift bei sich führen, um mitreden zu können, sondern hatte die Bezugsgröße – den Körper – stets dabei. Praktisch gedacht, aber der eine Finger ist dick, der andere dünn!? Und wie lang ist ein Schritt? Es gab eine Zeitlang in der ganzen Welt unterschiedliche Auffassungen, was den Meinungsaustausch der Forschenden, aber auch den Handel und die Entwicklung der Technik erschwerte.

1793 bestimmten die Franzosen, dass nicht mehr der Körper als Bezugssystem für Längenmaße dienen sollte. Sie führten das metrische System ein, orientiert am Erdumfang (1 Meter als zehnmillionster Teil des Erdmeridianquadranten), das 1875 in einer internationalen Meterkonvention von 17 Staaten bestätigt wurde. Die Weiterentwicklung, das SI-Einheitensystem, ist heute in der ganzen Welt verbreitet. Festgelegt sind hier neben dem Meter weitere sechs Basiseinheiten: Kilogramm, Sekunde, Ampere, Kelvin, Mol, Candela.

Schnell oder langsam? Wie die Zeit vergeht

Kaum ein anderes Maß wirkt so stark in unseren Alltag wie die Zeit. Unser Leben gestaltet sich im Jahres- und Tagesrhythmus. Unsere »Zeit« wird von vielen als schnelllebig empfunden und doch kann kaum ein anderes Maß subjektiv so unterschiedlich wahrgenommen werden. Intensive fünf Minuten im Einzelgespräch können sehr lange dauern. Fünf Minuten beim An- und Ausziehen im Winter in der Garderobe können sehr schnell vorbei sein. Wie lässt sich Zeit messen und wer legt fest, was schnell oder langsam ist?

Kreative Forscher

Sanduhren bauen

Ein sehr eindrückliches und in sich genaues Zeitmessgerät ist die Sanduhr, und diese einfachen Zeit-Messgeräte lassen sich sehr leicht selbst herstellen.

- **Material**
  2 Plastikflaschen (trocken und ohne Etikette), Trichter, gesiebter und gewaschener Sand, Korken, Nagel, Hammer oder Handbohrer, grobes Schleifpapier und Schnitzmesser, Plastikschreiber, ggf. Klebeband
- **Umsetzung**
  Den Korken mit Hilfe eines Nagels oder eines Handbohrers in der Mitte durchbohren. Nun den Korken in die Flasche stecken. Falls er nicht passt, zurecht schnitzen oder mit Hilfe von Schleifpapier auf die richtige Größe bringen.

  Eine der Flaschen zur Hälfte mit Sand befüllen und anschließend den Korken einstecken. Die luftgefüllte Flasche obenauf setzen. Fertig ist die Sanduhr!

  Falls die Korken nicht stabil sind, kann die Konstruktion mit breitem Gewebe-Klebeband stabilisiert werden.

Sanduhr für Eilige

Eine Flasche mit Sand füllen, Adapter für einen Flaschentornado aufschrauben und mit der zweiten Flasche die Sanduhr verschließen.

Flaschentornados haben mit der Verbreitung vom »Haus der kleinen Forscher« in vielen Einrichtungen Einzug erhalten und haben ein vorgefertigtes Gewinde für beide Flaschen. Beim original »Flaschentornado« ist eine Flasche mit Luft, die andere statt mit Sand, mit Wasser gefüllt.

- Was erwarten die Kinder, wenn sie die Sanduhr umdrehen?
- Überlegen Sie gemeinsam mit den Kindern, ob sie es wohl schaffen, in der Zeiteinheit ihrer Sanduhr bestimmte Tätigkeiten wie z. B. Händewaschen oder den Weg in die Küche zu schaffen.
- Wie viel Zeit brauchen die Kinder für eine Kniebeuge? Können Sie diese Zeit mit ihrer Sanduhr messen?
- Überlegen Sie mit den Kindern, ob Sie für unterschiedliche Zeiteinheiten, die verschiedenen Tätigkeiten wie z. B. Kniebeuge, Zähneputzen oder der Dauer des Stuhlkreis entsprechen, eine eigene Sanduhr bauen müssen oder gibt es andere Möglichkeiten?
- Schauen Sie mit den Kindern andere Zeitmesser z. B. Stopp- und Armbanduhren oder Kalender an. Wie sehen diese genau aus? Fast an allen Messgeräten finden sie eine Skalierung, die die Einheit in Untereinheiten unterteilt (Monate in Tage, Stunden in Minuten). An einer Sanduhr lassen sich mit einem Stift selbstverständlich auch Untereinheiten anbringen.

Forscher in Aktion

Schneckenrennen

(Quelle: Stiftung Haus der kleinen Forscher)

Bei diesem Versuch geht es ebenfalls um das Messen von Zeit. Es wird jedoch nicht die Schnelligkeit gemessen, sondern das Gegenteil: die Langsamkeit. Untersuchen Sie gemeinsam mit den Kindern, was »langsam« eigentlich bedeutet.

- **Einstiegssituationen**
  Ausspruch: »Bummel doch nicht so!«, wenn die Kinder z. B. beim Anziehen morgens trödeln und stattdessen an allen Ecken etwas Interessantes zum Beobachten finden; Klagen von Erwachsenen, dass sie viel zu wenig Zeit hätten oder ihnen die Zeit davonliefe; Pünktlichkeit; der oder die Schnellste sein wollen
- **Einstiegsfrage**
  Kann man Langsamkeit messen?
- **Material**
  Zeitmessgerät
- **Umsetzung**
  Besprechen Sie morgens mit den Kindern, dass sie heute »gaaanz laaangsame« Tiere besuchen werden. Welche fallen den Mädchen und Jungen ein? Ist auch die Schnecke dabei? Warum ist sie ihrer Meinung nach ein langsames Tier? Was bedeutet eigentlich langsam? Wo fängt die Langsamkeit an? Welche anderen langsamen Dinge fallen den Kindern ein?
  Können wir Menschen genauso langsam sein wie die Schnecke?
  Veranstalten Sie mit den Kindern ein »Schneckenrennen«. Eine Rennstrecke wird festgelegt. Anders als sonst gewinnt dabei jedoch nicht der Schnellste, sondern derjenige, der sich am langsamsten bewegt und damit als Letzter das Ziel erreicht. Geschummelt werden darf nicht! Die

Mädchen und Jungen dürfen nicht stehen bleiben, sondern müssen tatsächlich immer in Bewegung bleiben.

Auf die Plätze, fertig, los!

- **Weiterführende Ideen**
  - *Basteln* Sie gemeinsam Schnecken (ein Stück Schnur wird bemalt und dann in Form eines Schneckenhauses aufs Papier geklebt) oder singen Sie ein *Schneckenlied*.
  - Was frisst die Schnecke am liebsten? Packen Sie ein wenig Schneckenfutter zusammen. So vorbereitet geht es auf die *Schneckensuche*. Haben Sie welche gefunden, dürfen die Mädchen und Jungen die Tiere vorsichtig berühren oder sie vielleicht sogar auf die Hand nehmen. Besprechen Sie mit den Kindern, dass es für die Schnecke natürlich sehr aufregend ist, hochgehoben und berührt zu werden, so dass sie nach einigen Minuten unbedingt wieder in Ruhe gelassen werden muss.

  - Für ein *Schneckenrennen mit echten Schnecken* markieren die Kinder mit Kreide oder Stöckchen den Standpunkt einer Schnecke. Ist die Schnecke aufgeregt, verkriecht sie sich eventuell zunächst in ihrem Haus und man muss ein bisschen warten, bis sie wieder herauskommt und sich in Bewegung setzt. Wie weit ist die Schnecke nach Ablauf der Sanduhr oder nach einer Minute gekommen?
- **Weiterführende Fragen**
  - Haben Sie beim Schneckenrennen die selbst gebaute Sanduhr genutzt?
  - Hängt die Zeitdauer einer Sanduhr nur von der Sandmenge ab?
  - Wie wurde die Sandmenge, die in die Flasche gefüllt wurde, ausgewählt? Nach Augenmaß, nach Gewicht oder nach Volumen?

Wie schwer ist das denn? Das Gewicht bestimmen

War für die Sanduhr das Volumen entscheidender, so ist in vielen Situationen, z. B. beim Kochen und Backen, beim Beladen eines Anhängers oder einer Schubkarre das Gewicht entscheidend. Gewichte werden mit Waagen gemessen. Jedes Kind wird bei den Vorsorgeuntersuchungen bei einer Kinderärztin oder einem Kinderarzt gewogen.

Nicht mehr so verbreitet, aber sehr anschaulich sind Balkenwaagen, bei denen zu einem Referenzgewicht gemessen wird. Eine einfache Umsetzung solch einer Gleichgewichts-Waage ist die Kleiderbügelwaage.

Kreative Forscher

Kleiderbügelwaage

- **Material**

  Kleiderbügel mit Kerben oder Häkchen zum Einhängen an den Enden; 2 durchsichtige, unbedruckte Plastiktüten (Obsttüten aus dem Supermarkt) oder 2 gleich große, leere und saubere Plastikbecher; Draht

- **Umsetzung**

  Die Becher werden gewaschen und getrocknet und mit Hilfe von Draht an den beiden Kleiderbügelenden befestigt. Die Plastiktüten können einfach eingehängt werden.

  Der Kleiderbügel muss dann so aufgehängt werden, dass er sich frei bewegen kann. Sind die Becher und Tüten auf einer Höhe? Wenn nicht, lassen Sie die Kinder sie auf eine Höhe bringen.

  Nun kann gewogen werden. Können die Kinder das Gewicht erkennen, wenn ein Becher beladen wird? Wählen Sie sich eine interne Referenz (z.B. eine kleine Schere oder 5 Murmeln), dann können die Kinder Aussagen machen, ob etwas leichter oder schwerer als diese ist.

Wie weit, wie hoch? Die Länge messen

In einigen Experimenten wird es um die Länge eines Weges oder die Tiefe einer Mulde gehen. Längenmaße sind den meisten Kindern sehr vertraut, da der Körper der Kinder im Kindergartenalter sehr in die Länge wächst und sie daher immer wieder mit der Änderung ihrer Körpermaße konfrontiert werden, z.B. wenn der Lieblingspullover oder die Hausschuhe nicht mehr passen. Gibt es in Ihrer Einrichtung eine Messleiste für die Kinder? Haben Sie Zollstöcke oder Maßbänder, zu denen die Kinder Zugang haben? Die klassischen Maßbänder, wie sie zum Nähen verwendet werden, sind besonders geeignet, lassen sich jedoch auch schnell nachbauen.

Forscher in Aktion

Über kurz oder lang

- **Material**

  Schnur oder Band, Schere, Gegenstände unterschiedlicher Länge: Stifte, Lineal, Besenstiel, Zahnbürste, Regenschirm u.a.

- **Umsetzung**

  Lassen Sie die Kinder unterschiedliche Gegenstände der Länge nach sortieren. Wie viele Stifte müssen hintereinander liegen, damit die Stiftschlange so lang wie der Besen wäre? Gibt es eine Möglichkeit, dies auch ohne Hilfe der Stifte herauszubekommen? Könnte dies mit Hilfe einer Schnur gelöst werden? Die Schnur kann parallel zum Besen, aber auch parallel zum Stift gelegt werden. Es bleibt immer die Schnur, aber was verändert sich an der Schnur? Schneiden Sie zwei passende Stücke (in der Länge von Stift und Besenstiel) ab und lassen Sie die Kinder vergleichen.

Jetzt legen Sie das stiftlange Schnurstück zum Besen-Schnurstück und schneiden dieses nach jeder Stiftlänge ab. Lassen Sie die Kinder am Ende die Schnurstücke zählen.

Haben die Kinder eine Idee, wie sie die Schnur heile lassen könnten, aber trotzdem die Stückchenanzahl herausbekommen? Na klar: Markierungen anbringen! Die können mit einem farbigen Stift aufgemalt werden, aber auch Knoten funktionieren als Markierung. Mit einer derart markierten Schnur können die Kinder alle möglichen Gegenstände und Höhen vermessen. Ihre Grundmaßeinheit in der Einrichtung wäre dann ein Stift.

Lesetipp

Weshalb ein einheitliches Maß von Vorteil ist, wird in dem Buch »Winzig groß und riesig klein« von Karen Holländer (Dachs Verlag 2004) deutlich, wo ein Meerschwein von größeren Tieren als winzig und von kleineren Tieren als riesig bezeichnet wird. Was ist das Meerschweinchen denn nun, riesig oder winzig?

- **Weiterführende Ideen**
  - Was kann man noch messen? Lautstärke, Temperatur oder Volumen?
  - Gibt es dafür in der Einrichtung Geräte oder könnten die Kinder eigene erfinden?
  - Welche Messgeräte kennen die Kinder noch?

Vielleicht ist den Kindern als Messgerät noch ein Tachometer eingefallen, wenn es viele Kinder gibt, die von ihren Eltern mit dem Auto in die Einrichtung gebracht werden. Die Maßeinheiten, mit denen Geschwindigkeit gemessen wird, geben gleich Auskunft darüber, was Geschwindigkeit naturwissenschaftlich ist: Eine Angabe über die zurückgelegte Strecke pro Zeiteinheit. Für Autos werden Kilometer pro Stunde angegeben. Schnecken bräuchten sicherlich eine andere Geschwindigkeitsskala. Messen Sie doch mal mit den Kindern, eine wie lange Strecke eine Schnecke in der Zeiteinheit ihrer Sanduhr zurücklegen kann? Beeinflusst die Streckenbeschaffenheit (z. B. feucht, trocken, glatt oder rau) die Schnelligkeit der Schnecke?

Was beeinflusst denn bei Kindern die Schnelligkeit? Sind robbende, krabbelnde oder laufende Kinder schneller? Läuft es sich schneller auf einer geraden oder einer schiefen Ebene? Grundlagen zu den Antworten auf diese Fragen sind in den folgenden Kapiteln zu finden.

2 Das Seil

So lang – so gut!

Seile oder Taue sollten in jeder Einrichtung vorhanden sein, da diese so vielseitig verwendbar sind. Welche Situationen fallen Ihnen ein, wo Kinder ein Seil nutzen? Springseil springen, Verbinden, Ziehen, Festbinden – was unterscheidet diese Tätigkeiten?

Festgebunden oder verbunden?

Wenn ein Gegenstand, z. B. ein Rutschauto, gezogen wird, sind dann Rutschauto und ziehende Person »festgebunden« oder »verbunden«? Welchen Vorteil hat ein Seil für die ziehende Person?

Forscher in Aktion

Ziehen und ziehen lassen

- **Einstiegssituationen**
  Kinder, die jemanden ziehen; Kutsche spielen, fahren oder beobachten; mehrere Fahrzeuge miteinander verbinden; Zug spielen; abgeschlepptes Auto
- **Einstiegsfragen**
  - Lässt sich etwas mit durchhängendem Seil ziehen?
  - Was unterscheidet ein Seil von einem Geschenkband?
  - Was lässt sich mit einem Geschenkband ziehen? Was mit einem Seil? Ist es leichter ein Kind zu schieben oder es zu ziehen?
  - Ist es leichter ein Kind alleine oder zu zweit zu ziehen?
  - Können zwei Kinder mehr als ein Kind ziehen?
  - Kann man bergauf und bergab ziehen?
- **Material**
  Fahrzeug, Kissen und mehrere Seile/Taue und Geschenkbänder (in gleicher Länge)
- **Umsetzung**
  - Ist es möglich, einen Gegenstand mit einem durchhängenden Seil oder Geschenkband zu ziehen? Binden Sie sowohl das Seil als auch das Geschenkband an einem Fahrzeug fest und lassen Sie dies von einem Kind ziehen. Genauso gut kann das Seil an einem Stück Stoff/Kissen festgebunden werden und über glatten Boden gezogen werden.
  - Was passiert mit dem Seil, wenn die Kinder anfangen zu ziehen? Was unterscheidet das Seil dann von einer Stange?
  - Lässt sich das Fahrzeug oder Kissen auch ziehen, wenn ein Kind darauf sitzt? Was erwarten die Kinder? Beladen Sie das Fahrzeug/Kissen so »voll«, bis das Geschenkband reißt. Hält das Seil trotzdem? Lassen Sie die Kinder Geschenkband und Seil genau betrachten. Was unterscheidet die Gegenstände?
- **Weiterführende Ideen**
  - Was müssen die Kinder verändern, um ein schwer beladenes Fahrzeug mit Geschenkband ziehen zu können? Was passiert, wenn zwei oder drei Geschenkbänder mit dem Fahrzeug verbunden sind und zwei oder drei Personen ziehen?
  - Wie fühlt es sich für die ziehende Person an, wenn andere »ziehen helfen«? Untersuchen Sie, ob es sich gleich anfühlt, wenn zwei Kinder mit zwei Bändern ein beladenes Fahrzeug ziehen oder wenn zwei Kinder an demselben Seil ziehen.

Forscher in Aktion

Pferdekutsche/Pferdegespann

- **Material**
  mehrere Springseile
- **Umsetzung**
  Ein Kind wird als Pferd »angespannt«, indem das Seil um die Schultern gelegt wird. Das andere Kind hält die beiden Enden und kutschiert.

  Achten Sie auf die Kommunikation der Kinder untereinander, oft geben sowohl Pferd als auch kutschierendes Kind dem anderen Anweisungen, die viel Kenntnis enthalten, die Sie in einem nachfolgenden Gespräch aufgreifen können. Je nach Situation und Vorerfahrung können Sie auch fragen, wann das Kind, das das »Pferd« gespielt hat, das Seil gespürt hat und wie.
  - Kann ein Pferd eine Kutsche auch mit lockeren Seilen ziehen?
  - Kann das kutschierende Kind dem anderen ein Richtungsänderungszeichen geben, ohne zu sprechen? Wie könnte es bremsen?

Energieübertragung mit Kräften

Ein Kind, das einen Wagen zieht – beladen oder unbeladen –, wirkt auf den Wagen eine Kraft aus und verrichtet dabei Arbeit. Es wird dabei Energie vom Ziehenden auf den Wagen übertragen. Die Zugkraft wirkt entlang des gespannten Seils. Ist diese Zugkraft größer als die Gegenkraft, wie z.B. Haftung, ruft dies eine Bewegung und damit verbunden meist eine Beschleunigung hervor. Daher nennt man die Energie, die durch das Ziehen übertragen wird, Bewegungsenergie.

Gemeinsam sind wir stark!

Kein anderes »Spiel« eignet sich so gut, um das physikalische Prinzip von Kraft und Gegenkraft kennenzulernen, denn beim Tauziehen ist es ganz offensichtlich, dass zwei Kräfte – an jedem Tau-Ende eine Person oder Mannschaft – auf das Tau einwirken. Diese Kräfte nennt man Kraft und Gegenkraft. Wirkt Kraft ohne Bewegung, so wird keine Energie übertragen, dann sind die Kräfte im Gleichgewicht und das Tauziehen endet unentschieden bzw. niemand kann die andere Mannschaft/Person über die Mittellinie ziehen. Kann auf einer Seite die Gegenkraft überwunden werden, kommt es zu einer Bewegung.

Forscher in Aktion

Tauziehen

- **Einstiegssituation**
  Gemeinsam sind wir stark
- **Einstiegsfragen**
  - Ist es möglich, alleine Tauziehen zu spielen?
  - Wie viele Personen braucht es?
  - Ist es möglich so am Tau zu ziehen, dass niemand sich bewegt?
- **Material**
  langes Seil oder Tau, glatte Ebene (damit sich niemand verletzten kann, wenn er hinfällt)

- **Umsetzung**

  Auf dem Boden eine Mittelinie markieren und auch die Mitte des Seils oder Taues mit einer bunten Schleife markieren. Jetzt zwei Gruppen bilden, die jeweils an einem Ende des Taues anfassen. Auf ein Zeichen darf losgezogen werden. Die Gruppe, die die erste Person der anderen Gruppe über die Mittellinie ziehen kann, hat gewonnen.
  - Macht es einen Unterschied, in welcher Reihenfolge die Gruppenmitglieder am Seil anfassen?
  - Schaffen die Gruppen es über längere Zeit zu ziehen, jedoch so, dass sich keine der Gruppen bewegt und sich trotzdem alle anstrengen?

Vom Gleichgewicht der Kräfte

Wenn sich beide Gruppen nicht bewegen, sind die Kräfte im Gleichgewicht und mechanisch gesehen in Ruhe. Die Kräfte der Gruppen »heben sich gegenseitig auf« oder stehen im Gleichgewicht. Solche Kräftegleichgewichte sind sehr wichtig in unserem Alltag, denn auch wir sind im Gleichgewicht mit der Erdanziehungskraft, die jederzeit auf uns und alle anderen Gegenstände einwirkt.

Bücher bleiben nur deshalb im Regal stehen, weil sie als Körper in Ruhe sind. Das Regalbrett drückt das Buch mit gleicher Kraft nach oben, wie die Schwerkraft es in das Regal hineindrückt. Nur wenn ein Kräfteungleichgewicht herrscht, wird ein Körper in Bewegung gesetzt. Wird das Buch aus dem Regal genommen, so muss dieses Kräftegleichgewicht gestört werden.

Das Wirken von Kraft und Gegenkraft bzw. die Wechselwirkung von Kräften können Kinder auch mit dem folgenden Bewegungsspiel gut am ganzen Körper erfahren.

Bewegungsspiel

Halt ich dich – hältst du mich!

- **Material**

  weicher Untergrund (Turnmatte oder Sandkiste)
- **Umsetzung**

  Die Kinder sollten sich einen Partner suchen, der etwa gleich schwer ist. Die Paare stellen sich einander dicht gegenüber auf (die Füße dürfen sich fast berühren) und fassen sich an den Händen. Nun langsam nach hinten lehnen.
  - Bleiben die Kinder stehen? Können die Kinder hin und her wippen?
  - Was passiert, wenn die Kinder sich nun einen anderen Partner suchen, der schwerer oder leichter als sie selber ist? Könnten Sie als pädagogische Fachkraft auch mitmachen?

3 Über die Balance

Alles im Lot?!

Schauen Sie sich die Kinder in ihrer Einrichtung doch einmal genau an. Wie groß ist der Kopf im Vergleich zum Körper? Und wie ist es bei ausgewachsenen Menschen? Bei einem Säugling macht der Kopf noch fast ein Drittel der Körperlänge aus. Kinder machen in den ersten Lebensjahren »Krafttraining«, wenn sie ihren Kopf anheben. Und auch die Fortbewegung, ohne aus dem Gleichgewicht zu kommen, ist nicht so ganz einfach. Welchen Vorteil hat das anfängliche Krabbeln?

Was verleiht uns Stabilität beim Bewegen und Fortbewegen, ob zu Fuß oder auf dem Fahrrad?

Vor dem freien Stehen üben viele Kinder von sich aus das Aufstehen und Hinsetzten. Auf zwei Beinen balancierend, wackeln die Kinder oft noch sehr hin und her. Ein Grund dafür mag sein, dass die Beine noch gekräftigt werden müssen, um das Gewicht der Kinder alleine tragen zu können. Welchen Grund könnte das Hin-und-her-Wackeln noch haben?

Forscher in Aktion

Spiele mit dem Gleichgewicht

- **Einstiegssituation**

  Laufen in unebenem Gelände (z. B. barfuß durch den Sandkasten); auf dem Spielplatz: Kinder beobachten, die gerade Stehen und Gehen lernen; ein Kind ist hingefallen; »Stehaufmännchen« als Spielzeug oder »Stehauf«-Trinklerntassen; Schiffsfahrt; entwurzelter Baum

- **Einstiegsfragen**
  - Was fällt euch leichter, auf einem gepflasterten Weg oder im Sandkasten (durch Pudersand) zu laufen?
  - Achtet ihr beim Laufen darauf, wo ihr eure Füße hinsetzt?
  - Was hält Bäume aufrecht?

- **Material**

  Sandkasten und ebener Weg, ggf. Tuch zum Augenverbinden

- **Umsetzung**

  Barfuß durch Sand zu laufen ist für alle Kinder gut. Merken die Kinder einen Unterschied, wenn sie mit Schuhen oder barfuß durch den Sand laufen oder über einen Weg laufen? Wann fühlen sich die Kinder am sichersten?

  Lassen Sie nun die Kinder mit abgespreizten Armen, hochgehobenen Armen denselben Weg noch mal gehen. Fühlt sich das anders an?

- **Weiterführende Ideen**

  Teilen Sie die Kinder nun in Beobachtende und Laufende. Wechseln Sie diese Einteilung selbstverständlich nach dem ersten Durchgang.
  - Markieren Sie mit einem Stock eine Linie im Sand und lassen die Kinder darauf entlanglaufen. Die Beobachtenden sollen drauf achten, ob die Kinder auf der Linie schneller oder langsamer laufen als vorher? Wie halten die Kinder die Arme, wenn sie auf der Linie laufen sollen? Es ist und bleibt derselbe Sand und dieselben Kinder, was verändert sich durch das Laufen auf einer Linie? Nun markieren Sie eine Linie auf einem ebenen Weg und lassen Sie die Kinder darauf laufen. Auf welchem Untergrund ist es leichter?
  - Der Gleichgewichtssinn oder die Stabilität wird beim Gehen noch mehr gefordert, wenn der Sehsinn ausgeschaltet ist. Fragen Sie, welches Kind sich mit geschlossenen oder verbundenen Augen durch das Freigelände oder über einen Spielplatz führen lassen will.

Mit dieser Wahrnehmungsübung können die Kinder ganz leicht ein Gespür für ihren Gleichgewichtssinn bekommen, der wichtig ist für eine stabile Körperhaltung und die Orientierung im Raum.

Der Gleichgewichtssinn

In unserem Ohr sitzt außer dem Gehör noch ein weiterer Sinn, den wir besonders dann brauchen, wenn wir uns bewegen: der Gleichgewichtssinn. Im Innenohr befinden sich Bogengänge, die mit einer Flüssigkeit gefüllt sind. Diese Flüssigkeit hilft uns, im Zusammenspiel mit speziellen Sinneszellen, das Gleichgewicht zu halten. Dabei wird die Eigenschaft von Flüssigkeiten genutzt, die Oberfläche immer parallel zur Erdoberfläche zu halten. Verändern wir unsere Lage im Raum, verändert sich auch der Oberflächenspiegel der Flüssigkeit und darüber gibt der Gleichgewichtssinn eine Rückmeldung ans Gehirn.

Das Gehirn ist dann wie die Hand an einer Marionette, die befiehlt, welche ausgleichende Bewegung wir ausführen müssen, um das Gleichgewicht zu halten. Auch die Augen haben Einfluss auf den Gleichgewichtssinn, dies merkt man sehr deutlich beim Stehen auf einem Bein. Folgendermaßen können die Kinder Teile der Funktionen des Gleichgewichtssinnes erforschen und hoffentlich besser verstehen, wie er funktioniert:

- Mal mit offenen, mal mit geschlossenen Augen auf einem Bein stehen – wann fühlen sich die Kinder »wackeliger«?
- Einen Becher halb voll gießen und die Wasseroberfläche beobachten. Was passiert, wenn man den Becher schräg hält? Wird die Oberfläche auch »schräg«?

Zum Gleichgewichtssinn gehören auch der Tastsinn und die Tiefensensibilität (propriozeptive Wahrnehmung). Die Tiefensensibilität wird noch weiter aufgeteilt in u.a. Lage- und Kraftsinn. Diese (Teil-)Sinne liefern Auskunft über die Stellung des Kopfes und die Position des Körpers im Raum (Lagesinn), sowie den Spannungszustand von Muskeln und Sehnen (»Kraftsinn«).

Leichtes über Schwerpunkte

In den Naturwissenschaften gibt es unterschiedliche Gleichgewichtsarten. Generell gilt: Unterstützt man einen Körper im Schwerpunkt, so ist er im Gleichgewicht.

- Ein *stabiles Gleichgewicht* herrscht dann, wenn der Körper nach Einwirken von einer Kraft in die ursprüngliche Lage zurückkehrt.
- Ein *labiles Gleichgewicht* ist z. B. ein Mensch, der auf einem Bein steht, da er unterhalb seines Schwerpunktes unterstützt wird.
- Bei einem *indifferenten Gleichgewicht* behalten Körper jede Lage bei, in die man sie bringt. Beim indifferenten und stabilen Gleichgewicht ist es wichtig, wo der Schwerpunkt ist.

Der Schwerpunkt ist derjenige Punkt eines Körpers, an dem die Gewichtskraft als Ganzes angreift.

Körpererfahrung

Den eigenen Schwerpunkt spüren

Um den eigenen Schwerpunkt zu finden, nehmen die Kinder auf dem Boden Platz und umfassen die ausgestreckten Beine in den Kniekehlen mit den Armen. Jetzt langsam nach hinten lehnen und gleich wieder nach vorn.

Erwachsenen fällt das manchmal nicht leicht, Kinder sind gelenkiger. Aber die Auswirkung der Bewegung durch Verlagerung des Schwerpunktes nehmen alle sofort wahr.

- **Weiterführende Idee**

  Eine andere Art, das Ausbalancieren des Schwerpunktes am eigenen Körper zu spüren und zu entdecken, ist das Balancieren eines Astes und anderer Gegenstände auf dem Kopf oder der Hand. Wenn wir es schaffen, den Ast genau mit dem Schwerpunkt auf den Kopf oder die Hand zu legen, fällt er nicht runter, da das System im Gleichgewicht ist. Ist der Schwerpunkt eines Gegenstandes immer in der Mitte?

Forscher in Aktion

Den Schwerpunkt von Gegenständen finden

- **Einstiegssituation**

  Bilder von Personen, die Lasten auf dem Kopf tragen; einen beladenen Teller transportieren
- **Einstiegsfragen**
  - Kann man Dinge auf dem Kopf tragen?
  - Welche Dinge kann man nur mit zwei Händen tragen?
  - Kann ein Besen auf einer Hand liegen, ohne herunterzufallen?
- **Material**

  Ast, Besen, CD, Buch, Ball, Tischtennisschläger, Schuh u. a.
- **Umsetzung**

  Sammeln Sie mit den Kindern viele unterschiedliche – nicht zu schwere – Gegenstände (Form,

Größe, Farbe u.a.). Welche dieser Gegenstände können die Kinder nur mit zwei Händen tragen? Wenn sich ein Gegenstand nur mit zwei Händen tragen lässt – geht es denn dann auch mit zwei Fingern? Welche Gegenstände können auf dem Handrücken oder ohne zu greifen getragen werden?

Wie lässt sich ein Besen mit einer Hand tragen – ohne zu greifen. Der Besen kann aufrecht auf der Hand balanciert werden, wie es manche Künstler im Zirkus machen. Es geht jedoch auch ohne Zirkusfertigkeiten.

Kann ein Besen auf einer Hand liegen, ohne herunterzufallen? Fragen Sie die Kinder vorher, wo diese die Hand vermuten und markieren Sie die Stelle (z.B. mit Kreide). Muss die Hand in der Mitte des Besenstiels sein?

Unterschiedliche Gewichtsverteilung über die Länge eines Gegenstandes verschiebt dessen Schwerpunkt.

Spieletipp

»Bamboleo« ist ein Geschicklichkeitsspiel aus dem Zoch Verlag für Schwerkraftexperten und alle, die es werden wollen.

Auf der Spitze eines Holzsockels liegt eine Korkkugel, auf der eine Platte mit über 20 Holzteilen ausbalanciert wird. Die Holzteile haben unterschiedliche Formen und Gewichte. Die Spielenden nehmen reihum je ein Holzteil von der Platte, möglichst ohne diese aus dem Gleichgewicht zu bringen. Es ist erstaunlich, welche Schräglagen da möglich sind! Kippt die Platte von der Kugel, endet das Spiel. Es gewinnt, wer bis dahin die meisten Teile abgeräumt hat.

Kreative Forscher

Schwer zu kippen – das Stehaufmännchen

Ein Gegenstand mit besonderem Schwerpunkt kommt in einigen Einrichtungen des Elementarbereichs vor: das »Stehaufmännchen«. Es gibt sogenannte Trinklern-Tassen, die ganz ähnlich funktionieren: Sie können aufgrund der Position ihres Schwerpunktes nicht dauerhaft umkippen.

- **Einstiegsfragen**
  - Was unterscheidet diese Spielzeugfigur/diesen Becher von einer/m anderen?
  - Könnt ihr die Figur/den Becher umkippen?
  - Kann die Figur »schlafen«?
  - Auf was muss man achten, wenn man so eine Figur selber bauen will?
- **Material**

  wenn vorhanden ein Stehaufmännchen, halbierter Tischtennisball, Knete, Schrauben-Mutter, Figur aus Pappe oder alternativ ein Papierschirmchen
- **Umsetzung**

  Geben Sie den Kindern die Materialien (Tischtennisballhälften, Knete und Mutter sowie eine Spielfigur) und bitten Sie die Kinder, ein Stehaufmännchen zu bauen.

  Testen Sie mit den Kindern, ob sich ein Stehaufmännchen wirklich aus allen »Lebenslagen« aufrichten kann. Können die Kinder diese Figur aufrecht und liegend auf einer Hand balancieren? Was fällt den Kindern im Vergleich zu anderen Figuren auf (runder Boden, Gewicht)?

Dass der Schwerpunkt wichtig ist, wenn ein Gegenstand auf einem Punkt aufliegt, wissen alle Kinder, wenn sie auf der Bürgersteigkante, einem Baumstamm o.Ä. balancieren. Beobachten Sie mal die Körperhaltung der Kinder dabei. Viele strecken ihre Arme aus, und dies Armeausstrecken macht physikalisch Sinn!

Forscher in Bewegung

Balancieren

- **Einstiegssituationen**

  Balancierendes Kind in der Natur oder auf dem Spielplatz; Bank im Bewegungsraum; Zirkusbesuch oder Bilder von Seiltänzerinnen oder Seiltänzern

- **Einstiegsfragen**
  - Was ist am Balancieren so besonders?
  - Wie hält ein Seiltänzer oder eine Seiltänzerin ihre/seine Arme?
  - Was gibt Sicherheit beim Balancieren?

- **Material**

  zwei Stofftaschen, Sand, Schaufel

- **Umsetzung**

  Füllen Sie beide Stofftaschen mit gleich viel Sand, sodass sie ungefähr gleich schwer, aber für die Zielgruppe gut zu tragen sind.

  - Eine geeignete niedrige Balanciermöglichkeit suchen, die für alle beteiligten Kinder ohne große Überwindung zu begehen ist (Baumstamm o. Ä.). Lassen Sie alle Kinder mindestens einmal über die ausgesuchte Strecke balancieren. Beobachten Sie die Armhaltung der Kinder und ermuntern Sie sie, die Strecke nun einmal mit vor dem Bauch verschränkten Armen und hochgestreckten Armen zu balancieren.
  - Geben Sie nun den Kindern die beschwerten Taschen mit und lassen Sie die Kinder mit den Taschen balancieren. Wann fühlen sich die Kinder sicherer? Was passiert, wenn die Kinder die Taschen tragen und die Arme vom Körper abspreizen?

Für Balancierende ist es wichtig, dass ihr Schwerpunkt tiefer gelegt ist (nicht zu verwechseln mit einem tiefer gelegten Auto!), da gilt: Je tiefer der Schwerpunkt eines Gegenstandes liegt, desto stabiler ist dieser. Für Vorführungen im Zirkus tragen die Artisten oft eine lange, nach unten gebogene Stange, da mit Hilfe dieser Stange das Gewicht und der Schwerpunkt nach untern verlagert wird. Somit ist es für die Artisten leichter, im Gleichgewicht zu bleiben.

Ein ideales Modellsystem ist dafür eine Balancierfigur oder die ästhetisch vielleicht weniger ansprechende, aber sehr alltagstaugliche Kartoffel.

Kreative Forscher

»Kartoffel-Balance«

- **Material**

  Glas oder stabiler Faden, kleine Kartoffel und zwei Gabeln
  oder pro Kind je zwei Münzen und Vorlage einer Clown-Figur, Schere und Pappe

- **Umsetzung**

  Das Glas hinstellen oder den Faden z. B. über zwei Stuhllehnen spannen oder Kinder bitten, diesen zu halten. Die Gabeln in die Kartoffel links und rechts auf gleicher Höhe einstecken. Die Griffe der Gabeln sollen nach unten zeigen. Die Kartoffel vorsichtig auf den Rand des Wasserglases oder den Faden setzen. Die Griffe der Gabeln sollten unterhalb der Kartoffel enden, um den Schwerpunkt gut zu verlagern.

  Oder die Balancier-Clowns aus Papier ausschneiden und auf Pappe kleben. Die Münzen auf die »Hände« kleben. Den Clown mit der Nase auf ein Seil oder Wasserglas setzten.

Forscherfragen

- Bleibt der Clown länger auf dem Seil, als die Kinder auf einem Bein stehen können?
- Ist es möglich, die Kartoffel oder den Clown vom »Seil« zu blasen?
- Wie viel Wind bzw. Schaukeln hält die Kartoffel oder Figur stand?

Die Sache mit dem Fallen – Schwere Erdanziehungskraft?

Schwerkraft oder Gravitation ist die Anziehungskraft, die jedem Gegenstand, jedem Körper innewohnt. Große »Körper«, wie unser Planet, verfügen über eine deutlich spürbare Schwerkraft, die wir entsprechend Erdanziehungskraft nennen. Unser Leben wäre wörtlich auf den Kopf gestellt, wenn es die Anziehungskraft der Erde nicht geben würde. Dort, wo bei Gegenständen die Schwerkraft ansetzt, ist der Schwerpunkt es Gegenstandes.

Diese Erdanziehungskraft sorgt auch dafür, dass wir schwer sind. Die Masse unseres Körpers wird nach unten angezogen, was wir zum Beispiel für die Bestimmung der Masse mit einer Waage nutzen.

Forscher in Aktion

Fallen gefällig?

- **Einstiegssituationen**
  Besteck, das beim Essen herunterfällt; Ballspielen; runterspringende Kinder
- **Einstiegsfragen**
  - Ist euch schon mal eine Gabel hochgefallen? Gibt es »hochfallen« eigentlich?
  - Kommt ein Ball immer wieder runter, wenn ich ihn hochwerfe?
  - Gibt es einen Unterschied zwischen Runterspringen und Runterfallen?
  - Was ist der Unterschied zwischen Runterspringen und Hochspringen? Was ist anstrengender?
- **Material**
  Ball, Besteck, Alltagsgegenstände, Schüssel voller Mehl (mindestens 1 kg)
- **Umsetzung**
  Suchen Sie mit den Kindern Alltagsgegenstände und lassen Sie die Kinder die Gegenstände in zwei Kategorien sortieren: fällt runter – fällt nicht runter. Nun überprüfen Sie, ob die Einordnung stimmt.

  Wie stark die Schwerkraft ist, lässt sich sichtbar machen, wenn die ausgesuchten Gegenstände in einer zweiten Runde über einer mit Mehl gefüllten Schüssel fallen gelassen werden. Wie verändert sich das Mehl durch den heruntergefallenen Gegenstand? Können die Kinder Unterschiede zwischen den durch den Fall entstandenen »Kratern« entdecken? Die Gegenstände dringen in das Mehl ein, wenn dieses weicher ist als sie selber.
- **Weiterführende Idee**
  Verändern sich die Krater, wenn man einen Gegenstand aus unterschiedlichen Höhen fallen lässt?

Forscher in Aktion

Reine Formsache

- **Einstiegssituationen**

  Herunterfallende Gabel und/oder Serviette; Papierflieger; Pusteblume; Ahornsamen
- **Einstiegsfragen**
  - Fällt eine Gabel schneller zu Boden als eine Serviette oder ein Taschentuch?
  - Fällt ein Blatt Papier immer gleich schnell zu Boden?
  - Was lässt einen Löwenzahnsamen zu Boden gleiten und nicht fallen?
- **Material**

  Papier, Buch, ggf. Fotoapparat, Stuhlkreis
- **Umsetzung**

  Geben Sie jedem Kind ein Blatt Papier gleicher Größe. Jedes Kind darf sein Blatt nun zu Boden fallen lassen. Haben die Kinder das Gefühl, dass jedes Blatt gleich schnell zu Boden fällt?

  Fast immer ist ein Kind dabei, das die Form seines Papiers spontan verändert. Falls nicht, bitten Sie zwei Kinder, das Papier beliebig zu falten oder zu zerknüllen. Beobachten Sie nun die Fallgeschwindigkeit eines veränderten Papieres. Ist das Fallverhalten gleich geblieben? Wird ein Papier durch Verändern der Form leichter oder schwerer?

  Bitten Sie die Kinder ihr Papier so zu verändern, dass es möglichst schnell zu Boden fällt. Können die Kinder das Papier so verformen, dass die Fallgeschwindigkeit sich verlangsamt? Können verschieden geformte Papiere gleichzeitig auf dem Boden ankommen?
- **Weiterführende Idee**

  Die Kinder versuchen, durch unterschiedliche Fallhöhen verschieden »schnelle« zerknüllte oder gefaltete Formen zur selben Zeit am Boden ankommen zu lassen. Messen Sie die Strecke der unterschiedlichen Fallhöhen für dieselbe Fallzeit.

Luftwiderstand

Der Luftwiderstand bewirkt diese unterschiedlichen Fallgeschwindigkeiten. Es ist eine wichtige Erfahrung und Entdeckung, dass die Form eines Objektes oder Körpers einen großen Einfluss auf die Fallgeschwindigkeit hat.

Wenn Ihr Fotoapparat über eine Funktion verfügt, mit der viele Fotos nacheinander gemacht werden, kann dies gut zur Dokumentation genutzt werden.

Wenn die Form einen großen Einfluss auf die Fallgeschwindigkeit hat, welchen Einfluss hat dann das Gewicht eines Körpers?

Forscher in Aktion

Federleicht und tonnenschwer: Was fällt schneller?

- **Einstiegsfragen**
  - Kommen alle Kinder, die gleich groß sind, zur selben Zeit am Boden an, wenn sie gleichzeitig vom Stuhl springen?
  - Fällt eine Feder langsamer als ein flacher Stein?
- **Material**

  Buch und Papier oder zwei Tischtennisbälle, Nagel, Wasser, Pipette oder Spritze
- **Umsetzung**

  Demonstrationsversuch: Buch und Papier sind für alle Kinder auch ohne Nachwiegen erkennbar unterschiedlich schwer. Lassen Sie beide gleichzeitig fallen, wer wird dann schneller am Boden ankommen? Das Buch kommt schneller am Boden an, während das Papier gemächlich hinuntergleitet. Wenn nun das Papier auf das Buch gelegt wird, ohne dass es an den Seiten übersteht, und dieser Doppeldecker fallen gelassen wird, gleitet das Papier dann genauso?

  Um der von Form und Größe unabhängigen Fallgeschwindigkeit auf den Grund zu gehen, bitten Sie die Kinder, gleich geformte Gegenstände in der Einrichtung zu suchen, die jedoch unterschiedlich schwer sind (z. B. Tischtennisball, Flummi oder Legostein und echter Stein o. Ä.). Zum vergleichenden Messen eignet sich die Bügelwaage (siehe S. 21). Finden die Kinder geeignete Gegenstände? Das ist keine leichte Aufgabe!

  Als Modellsystem eignen sich zwei Tischtennisbälle: Einen der Bälle mittels Hammer und Nagel mit einer kleinen Öffnung versehen und mit Wasser oder Sand befüllen. Die Öffnung mit Klebeband verschließen. Nun beide Bälle aus derselben Höhe fallen lassen.

  Welcher der beiden Bälle wird den Boden zuerst berühren?

Galileo Galilei

Gleich geformte und gleich große Gegenstände fallen mit der gleichen Geschwindigkeit auf die Erde. Diese Erkenntnis hatte 1590 Galileo Galilei.

Galileo Galilei wurde 1564 in Pisa geboren und starb im Alter von 77 Jahren in der Nähe von Florenz. Er war ein Wissenschaftler, der sich mit Themen der Philosophie, Mathematik, Physik und Astronomie beschäftigte. Neben der Fallgeschwindigkeit machte er noch weitere bahnbrechende Entdeckungen auf mehreren Gebieten der Naturwissenschaften.

Dass Galileo Galilei recht hat, lässt sich sehr gut auf dem Mond überprüfen, da es dort keinen Luftwiderstand gibt, aber auch die starke Anziehungskraft des Mondes auf die Dinge einwirkt. Wem ein wenig Englisch nichts ausmacht, dem sei das Video eines Astronauten der Nasa empfohlen, der auf dem Mond mit einer Feder und einem Hammer die Erkenntnis von Galileo Galilei überprüft (http://www.youtube.com/watch?v=5C5_dOEyAfk).

Schnelles über Trägheit

Nicht nur der Mond und die Erde haben eine ihnen innewohnende Anziehungskraft. Jeder Gegenstand oder Körper wirkt mit dieser Kraft auf die ihn umgebenden Gegenstände bzw. Körper. Zum Glück spüren wir die Anziehungskräfte von – im Vergleich zur Erde – so kleinen Körpern wie einem Stuhl, Haus oder Baum nicht.

Dass sich die Gegenstände nicht aufeinander zu bewegen, hat auch mit der Trägheit zu tun. Trägheit ist die Eigenschaft von Körpern, in ihrem Bewegungszustand zu verharren, solange keine äußere Kraft auf sie einwirkt. Diesen Zustand kennen fast alle morgens im warmen Bett, wenn der Wecker klingelt. Ohne Muskel- und Willenskraft kommt niemand aus dem Bett!

Dass ein Körper seinen Bewegungszustand beibehält, solange keine Kraft auf ihn wirkt, ist das sogenannte Massenträgheitsgesetz. Dies Gesetz gilt immer und überall! Daher bleibt ein Schrank oder ein Stein in Ruhe liegen, und nur »Körper und Dinge«, die Energie umwandeln und Muskel- oder andere Kräfte aufbringen können, können sich von sich aus bewegen. Alle anderen Körper und Dinge können nur durch Kraftübertragung bewegt werden.

Trägheit kann jedoch sehr nützlich sein. Die Stabilität von Gegenständen und Bauwerken ist darauf angewiesen. Bauwerke entstehen fast in jeder Einrichtung täglich, und Kinder sind gerade beim Bauen immer wieder »optimierende Beobachter«. Ob Kinder eine innere Statistik führen, wenn sie Türme bauen und diese wieder einstürzen lassen, ist mir nicht bekannt, aber dies ist eine bekannte Situation, die in Einrichtungen des Elementarbereichs immer wieder vorkommt: Türme werden durch gewollten und ungewollten Einfluss von Muskelkraft und anderen Kräften zum Fallen gebracht. Was weckt die Lust bei vielen Kindern, Bauwerke aufzutürmen und dann einstürzen zu lassen?

Forscher in Aktion

Türme bauen

So individuell wie jedes Kind sind seine Bauwerke, und deshalb geraten Kinder immer wieder untereinander in Konflikt, wenn der gerade aufgebaute Turm gezielt umgestoßen wird. Was macht dies Umstoßen so »lustvoll«? Fragen Sie die Kinder!

- **Einstiegssituationen**
  Turmbau – umfallender Turm; Bilder von hohen Gebäuden; Baustellen – Hausbau; Sandburgenbau
- **Einstiegsfragen**
  - Wer kann einen Turm bauen?
  - Wie kann man einen Turm möglichst hoch bauen?
  - Welches Material ist besonders günstig zum Bauen?
  - Welcher Untergrund eignet sich besonders gut zum Bauen?
  - Was ist wichtig, damit ein Turm möglichst lange stehen bleibt?
- **Material**
  Äste, Steine, Sand, Bauklötze
- **Umsetzung**
  Den Kindern Raum und Zeit geben, mit den unterschiedlichsten Materialien zu bauen. Nicht zu viel Material zur Verfügung stellen, denn beim Bauen ist oft weniger mehr. Einrichtungen, die

über ein abwechslungsreiches Freigelände verfügen, sind im Vorteil, da sich in der Natur die Baumaterialien oft von selber anbieten.

Beobachten Sie die Kinder und fragen Sie sie über ihre Bauwerke aus. Die Kinder malen ihre Bauwerke in das Forschertagebuch – was möchten die Kinder noch dazu sagen? Für wen war das Bauwerk gedacht?

- **Weiterführende Ideen**
  - Könnt ihr ein Kind in euer Bauwerk »einbauen«?
  - Welcher Sand eignet sich besonders gut zum Bauen?
  - Kann man mit demselben Material eine Haus und eine Brücke bauen?
  - Ist ein Turm unten breiter oder oben breiter?
  - Könnt ihr auch ein rundes Haus bauen?

Forscherfragen

- Gibt es ein Bauwerk, das nicht kaputtgehen kann?
- Was könnte den Turm zum Einstürzen bringen?
- Was stabilisiert ein Bauwerk?
- Könnten Bauklötze o. Ä. auch wegschweben, wenn der Wind dagegen pustet?
- Was unterscheidet Legosteine von Holzbauklötzen?
- Ist es leichter, gerade in die Höhe zu bauen oder schräg?

Geben Sie den Kindern Material, das sie normalerweise nicht zum Bauen verwenden. Wer kann z. B. den größten Turm aus drei Blatt Papier bauen (nur Papier, Schere und Kleber sind erlaubt)?

Bauen – ein bedeutender Entwicklungsschritt

»Kein Kind baut Türme, wenn es sich nicht vorher mit Behältern und deren Inhalt beschäftigt hat, oder fügt Würfel zu einem Zug zusammen, ohne vorher Türme gebaut zu haben" (Largo 1999). Kinder sind strukturiert: Erst werden Material und Form entdeckt, um mit dieser Erfahrung später zielstrebig bauen zu können. Der Erfahrungsschatz der Kinder entsteht oft »nebensächlich« beim Spielen. Die Lust am reinen Konstruieren entwickelt sich oft erst später. Beim Bauen sind die meisten Kinder aus sich heraus sehr konzentriert. Dies macht Sinn, da es möglich ist, beim Bauen Erfahrungen mit dem Material zu sammeln, wie auch naturwissenschaftliche Erfahrungen mit Statik und Schwerkraft zu machen. Ganz nebenbei werden viele andere Kompetenzen der Kinder gefördert:

- Sozialkompetenz
- Selbstwirksamkeit
- Sprachkompetenz u.a. durch räumliche Zuordnung (z.B. groß – klein, über – unter)

(vgl. Beins 2005)

Auf festem Grund gebaut?

Der Untergrund für Bauwerke ist von besonderer Bedeutung. Eine gerade Fläche ist besonders gut geeignet. Lassen sich Türme auch auf unebenen Boden bauen?

- Was muss auf einem schrägen Untergrund beachtet werden?
- Lässt sich dort etwas bauen?
- Sind schräge Ebenen hinderlich oder hilfreich?

Eine schräge Fläche erfordert mehr Geschick, ist aber für andere Aktionen von Vorteil. Haben die Kinder schon mal eine Rampe gebaut?

4 Die schiefe Ebene

Klarheit über Schräges

Eine schiefe Ebene ist eine geneigte Fläche. Je nach Neigung der Fläche nehmen wir die schiefe Ebene als Rampe (Einfahrt, Rollstuhlrampe), Hügel, Deich oder Berg wahr. Eine schiefe Ebene kann zum Anheben von Gegenständen oder Gewichten genutzt werden. Die aufzubringende Arbeit auf einer schiefen Ebene ist geringer als ein direktes Anheben. Auch wenn uns der Anblick eines Berges eher an Anstrengung denken lassen mag. Einige Bauwerke, wie z. B. die Pyramiden, hätten ohne Rampen nicht gebaut werden können. Auch heute wird diese Erkenntnis noch immer angewendet. Beobachten Sie mal, wie ein Laster be- oder entladen wird!

In den Bergen sind viele Straßen und Wege eine schiefe Ebene. Sind diese Straßen und Wege in Serpentinen gebaut, ist dies eine »aufgewickelte« schiefe Ebene, damit die Menschen und Fahrzeuge nicht zu hohe Steigungen überwinden müssen.

Für Menschen, die in flacheren Gegenden wohnen: Gibt es in der Nähe ein Parkhaus oder eine Tiefgarage mit mehreren Ebenen oder in der Einrichtung ein »Spiel-Parkhaus«? Wie fahren die Autos dort auf die unterschiedlichen Park-Ebenen?

Schwerarbeit leicht gemacht

Die geringere Kraftaufwendung ist zum Glück auch der Meerprinzessin Sursulapitschi in dem Buch »Jim Knopf und die Wilde 13« bekannt, was Lukas den Lokomotivführer und Jim Knopf aus einer lebensbedrohlichen Lage auf dem Meeresgrund rettet, wo unterschiedliche Kräfte wirken und auch noch viel andere naturwissenschaftliche Themen angesprochen werden:

An den Magnetfelsen bemerkt Jim Knopf, dass seine kleine Lokomotive Molly verschwunden ist. Um nach ihr zu suchen, steigen Lukas der Lokomotivführer, Jim Knopf und der Scheinriese Herr Tur Tur in die abgedichtete Lokomotive Emma und lassen sich mit Hilfe der Erdanziehungskraft an den Meeresboden sinken. Unter Wasser erhalten die Reisenden Hilfe von der Meerprinzessin Sursulapitschi und ihrem Verlobten, dem Schildnöck Uschaurischuum, sowie einer Wolke Seepferdchen, die die Lokomotive wie Kutschpferde umherziehen. Doch der Weg an die Wasseroberfläche ist schwieriger als gedacht:

Geschichte

... eine lange Fahrt

... Lukas klopfte gegen das Fenster, und der Schildnöck, der sich neben seine Verlobte auf das vordere Ende der Lokomotive gesetzt hatte, kam mit langsamen Bewegungen herbei und guckte durch die Scheibe. Lukas bedeutete ihm durch Gesten, dass sie dringend an die Oberfläche zurückkehren müssten. Uschaurischuum nickte und schwamm langsam zu Sursulapitschi, um ihr den Wunsch der Reisenden mitzuteilen. Die Meerprinzessin lenkte die Tierchen unverzüglich nach aufwärts, das vordere Ende der Lokomotive ruckte ein paarmal hoch, fiel aber immer wieder zurück. Emma war zu schwer.

Der Schildnöck kam zum Fenster zurückgeschwommen, schüttelte den Kopf und zuckte die Achseln. Am Gesichtsausdruck der drei Insassen mochte er wohl erkennen, dass die Angelegenheit anfing, ernst zu werden.

Er machte eine beruhigende Handbewegung und kehrte zu der Seejungfrau zurück, um mit ihr zu beraten. »Wenn wir das Wasser aus dem Kessel ablassen«, murmelte Jim, dem trotz der Gefahr beinahe die Augen zufielen, »dann würde Emma von selbst aufsteigen.«

»Unter Wasser kann man kein Wasser ablaufen lassen«, erklärte Lukas. »Alter Junge, da haben wir eine riesige Dummheit gemacht.« »Und wenn wir einfach aussteigen und nach oben schwimmen?«, schlug Jim vor. Aber Lukas schüttelte den Kopf. »Es ist viel zu weit bis zur Oberfläche. Wir müssten unterwegs ertrinken.« »Und was machen wir jetzt?«, fragte Herr Tur Tur mit bebender Stimme. »Abwarten«, antwortete Lukas. »Hoffen wir, dass denen da draußen was einfällt.«

Dann machte er sich an der eisernen Verschlussplatte des Kohlennachschublochs zu schaffen. Er schob sie langsam und vorsichtig zur Seite, um zu prüfen, ob Wasser in den Tender eingedrungen war. Etwa ein halber Eimer voll war zwar durch die Fugen des Deckels gesickert und floss nun auf den Boden der Kajüte, aber durch das Öffnen der Verschlussplatte strömte zugleich die unverbrauchte Luft, die vorher im Tender eingeschlossen war, herein.

»Damit kommen wir noch ein Weilchen aus«, sagte Lukas. »Wie lange?«, fragte Herr Tur Tur.

»Keine Ahnung«, antwortete Lukas, »fürs erste reicht's jedenfalls. Wir müssen jetzt aufhören zu sprechen, sonst verbrauchen wir zu viel Luft. Die da draußen scheinen zu einem Entschluss gekommen zu sein.«

Und so war es auch. Dem Schildnöck war eingefallen, dass Nepomuk um Mitternacht das Meerleuchten anstellen würde. Das konnte vielleicht schon bald sein. Man musste also die Lokomotive zuerst einmal so schnell wie möglich aus dem Anziehungsbereich der eisernen Klippen bringen. Die einzige Möglichkeit, Emma wieder an die Wasseroberfläche zu bringen, war, mit ihr zu einer Insel zu fahren, deren Strand unter Wasser vom Meeresgrund aus so sanft anstieg, dass die Seepferdchen die Lokomotive hinaufziehen konnten. Sursulapitschi kannte eine solche Insel. Zwar lag dies Eiland ziemlich weit entfernt, aber wenn sie sich sehr beeilten, dann konnten sie vielleicht noch rechtzeitig hinkommen. Da keine Zeit zu verlieren war, trieb Sursulapitschi die Legion Seepferdchen sofort zu äußerster Eile an, und die Tierchen galoppierten los. Schweigend und voller Spannung beobachteten die Reisenden im Führerhäuschen, wie die Lokomotive sich plötzlich mit erstaunlicher Geschwindigkeit von den eisernen Klippen entfernte.

»Sie wissen scheint's was«, sagte Jim leise und mit hoffnungsvollem Ton, »ich bin gespannt, wo sie uns hinfahren.« »Nicht reden«, antwortete Lukas, »wer weiß, wie lange es dauern wird.« Und dann schwiegen sie wieder und starrten durch die Scheiben auf den Meeresgrund hinaus, der wie eine Landschaft schnell und immer schneller vorüberzog.

(...)

Als Jim wieder erwachte, lag er auf dem Rücken und erblickte über sich den Himmel. Die letzten Sterne verblassten, und die Morgendämmerung stieg herauf. Jim fühlte, dass er auf weichem Sand lag. Und jetzt hörte er leises Gluckern und Plätschern wie von kleinen Wellen. Er hob seinen Kopf ein wenig und erblickte links und rechts neben sich Lukas und Herrn Tur Tur, die beide gleichfalls anfingen, sich zu regen. Jim setzte sich auf. Ihm war noch ganz wirr im Kopf. Zu seinen Füßen im seichten Uferwasser sah er nun die kleine Meerprinzessin, die das Kinn in die Hand gestützt hatte und zu warten schien. Und noch ein wenig weiter im Wasser stand die gute alte Emma, die Türen des Führerhäuschens sperrangelweit offen.

»Hallo«, sagte Sursulapitschi erfreut, »fein, dass ihr endlich aufwacht.« »Wo sind wir denn?«, fragte Jim benommen.

»Wir haben euch auf eine kleine Insel gebracht, deren Strand unter Wasser so sacht ansteigt, dass die Seepferdchen euch heraufziehen konnten. Es war eine lange Fahrt, aber es war die einzige Möglichkeit euch zu retten.«

Michael Ende: Jim Knopf und die Wilde 13

(Auszug vom Anfang des 19. Kapitels)

Forscher in Aktion

Heute schon was auf- oder abgeladen?

- **Einstiegssituationen**
  Beobachten, wie etwas über eine Rampe entladen oder beladen wird; Spielen mit Spielzeugautos im Parkhaus; Erzählen vom Urlaub in den Bergen; Ziehen eines Fahrzeugs einen Hang hinauf auf dem Freigelände
- **Einstiegsfragen**
  - Was ist eine Rampe?
  - Wer hat mit seinen Eltern schon mal in einem Parkhaus geparkt?
  - Wer ist mit den Eltern gewandert, in den Bergen gewesen?
  - Was ist anstrengender, eine lange Leiter hochzuklettern oder Treppen bzw. einen Hang hinaufzulaufen?
- **Material**
  Schweres Spielzeug oder Fahrzeug mit Rädern, Brett oder Bank, Erwachsenen-Stuhl oder Sprossenwand zum Einhaken oder Auflegen des Brettes/der Bank
- **Umsetzung**
  An das Spielzeug oder Fahrzeug eine Schnur binden und eine Schlaufe machen. Das Spielzeug anschließend so hoch anheben, dass es auf dem Stuhl abgelegt werden kann. Wie fühlt sich so ein direktes Anheben an? Sind alle Kinder »stark« genug?

  Nun mit Brett und Stuhl oder der Bank und der Sprossenwand eine schiefe Ebene bauen. Das Spielzeug an der Schnur die schiefe Ebene hinaufziehen. Ist das einfacher als das Anheben? – oder sogar »Babykram«? Wenn es so leicht geht, dass es als »leicht« abgetan wird, umso besser, dann sprechen Sie mit den Kindern, was leicht und schwer für sie bedeutet.

Gesprächsimpulse

Stellen Sie mit den Kindern ein Poster mit »leichten« und »schweren« Dingen her: Ein DIN-A-2-Plakat in zwei Hälften teilen: Auf der einen Seite notieren Sie, was die Kinder als »schwer« bezeichnen, auf die andere kommen »leichte« Sachen.

Können nur Gegenstände leicht und schwer sein? Welche Tätigkeiten sind leicht und welche schwer? Gibt es auch leichte und schwere Gefühle?

- **Weiterführende Ideen**
  - Suchen Sie gemeinsam mit den Kindern beim nächsten Ausflug in die Umgebung Rampen (z.B. zum Entladen von Lastern) und schiefe Ebenen. Wo entdecken die Kinder diese und wie erleichtern sie den Alltag?
  - Kinder, die aufgrund von körperlichen Beeinträchtigungen auf einen Rollstuhl angewiesen sind, sollten berichten, wie es ist, mit einem Rollstuhl eine Rampe hochzufahren.

Körpererfahrung: Kugeln und Kullern

Gehen Sie mit den Kindern an einen Hügel, den Deich, in den Wald oder suchen Sie andere natürliche schiefe Ebenen, die nicht gepflastert oder geteert sind. Die Kinder erproben das Hinauflaufen – auf direktem Weg oder in Schlangenlinien bzw. »Serpentinen«.

Selbstverständlich ist es eine wunderbaren Erfahrung, einen Hang seitwärts herunterzurollen! Dann spüren die Kinder deutlich die Wirkung der Hangabtriebskraft. Stellen Sie jedoch unbedingt sicher, dass es dort keine scharfkantigen oder versteckten (gerade z. B. in hohem Gras) Hindernisse gibt.

Um ganzheitliche Körpererfahrungen zu sammeln, können Sie eine schiefe Ebene auch im Bewegungsraum aufbauen: mit Hilfe von Sprossenwand, zwei Bänken und Matten.

Auf die Kinder wirken dabei gleich zwei Kräfte gegeneinander: die »Hangabtriebskraft«, und die Erdanziehungskraft (siehe auch Glossar, S. 88 f.).

Schau genau!

Schiefe Ebenen findet man auch mit Liebe zum Detail. So ist zum Beispiel eine Schraube eine – spiralförmige – schiefe Ebene, also eine schiefe Ebene, die »aufgewickelt« ist. Man kann eine Schraube somit auch als spiralförmige Rampe betrachten. Bei Schrauben ist die Strecke, die bei einer Drehung zurückgelegt wird, größer als die Strecke nach vorn z.B. in die Wand hinein, wodurch es weniger Arbeitsaufwand braucht, eine Schraube in ein Loch zu bringen.

Die Goldene Regel der Mechanik

Vielleicht sind Sie in Ihrer Einrichtung mit den Kindern schon mal gewandert. Wandert oder klettert jemand einen hohen Berg hinauf, ist dies Arbeit und kostet Energie. Um auf die Bergspitze zu gelangen, kann entweder der direkte und kürzeste Weg gewählt werden oder der gemächliche und lange Weg, der nicht so steil und anstrengend ist. Die Erfahrungen zeigen, dass der kurze Weg viel Kraft kostet und der lange Weg weniger Kraft kostet. Am Ende wird zwar dieselbe Energie benötigt (dasselbe Maß an Arbeit geleistet sein), um auf den Berg zu gelangen, auf dem längeren Weg wird jedoch weniger Kraft eingesetzt!

Das Kraftsparen ist möglich unter der Bedingung, dass ein längerer Weg zurückgelegt wird. Es gilt: halbe Kraft, dafür doppelter Weg oder: ein Viertel der Kraft, dafür der vierfache Weg. Da dieses mechanische Gesetz ständig und überall angewendet wird, wird es als die »Goldene Regel der Mechanik« bezeichnet: Wenn Kraft gespart werden soll, muss ein längerer Weg zurückgelegt werden!

Diese Regel wird in vielen alltäglichen Situationen genutzt, z.B. beim Benutzten eines Schraubenschlüssels, einer Schere oder beim Nussknacken. Wenn eine Nuss geknackt werden soll, muss die Schale zerdrückt/zerstört werden. Nicht viele schaffen es, eine Nussschale mit den Fingern zu zerdrücken. Dies wäre ein sehr kurzer Weg (einige Millimeter), den die Finger zurücklegen müssten, kostet jedoch sehr viel Kraft. Wird ein Nussknacker verwendet, müssen die Finger beim Zusammendrücken der Nussknackerarme einen viel größeren Weg zurücklegen (einige Zentimeter) und benötigen deutlich weniger Kraft. Ähnlich ist es beim Lösen einer Mutter mit einem Schraubenschlüssel oder dem Pumpen mit einer Schwengelpumpe.

Runter und rauf oder drunter und drüber?

Seil- und Flaschenzug

Eine weitere Anwendung dieser »Goldenen Regel« ist die Mechanik von Kränen oder, im Kleinen, die eines Flaschen- oder Seilzuges:
Ein Flaschenzug nutzt die goldene Regel der Mechanik, aber um einen Flaschenzug zu verstehen, ist die Erfahrung notwendig, dass man durch Herunterziehen eines Seiles oder einer Kette einen Gegenstand hinaufziehen kann. Dies ist die Vorstufe zu einem Flaschenzug, ein Seilzug.
Sehr treffend, wird der Seilzug in »Robbi, Tobbi und das Fliewatüüt« von Boy Lornsen bei der Szene auf dem Leuchtturm beschrieben

Geschichte

Eine erstklassige Erfindung

»Macht euch man keine Sorgen. Euer Fliewatüüt lass ich einfach nach oben auf die Galerie schweben«, schmunzelte Matthias geheimnisvoll. Tobbi und Robbi schauten ihn erstaunt an. »Kommt mal mit, ihr beiden!« winkte Matthias. Dann zeigte er ihnen auf der Galerie eine Einrichtung, mit der er seinen Proviant und alle anderen Dinge aus dem Versorgungsdampfer heraufzog. »Wenn ich alle Matjesheringe und Schwarzbrote jedes Mal einhundert siebenundsiebzig Stufen hinauftragen müsste, hätte ich wohl schon keine Beine mehr«, meinte er. Ein schwenkbarer Eisenarm ragte gut zwei Meter über die Leuchtturmgalerie hinaus. Daran war ein Flaschenzug befestigt. Matthias schwenkte nun den Kranbalken über das Fliewatüüt und ließ eine Rolle mit einem Fleischerhaken nach unten, bis sie genau über dem Propeller baumelte. »So«, meinte er, »tut mir leid, jetzt muss einer von euch beiden nach unten steigen, um das Fliewatüüt an den Haken zu binden. Hier ist ein kurzes Tau.« »Nach unten? Klick. Treppensteigen … ?« Der Roboter schaute seinen Freund Tobbi hilfesuchend an. »Lass nur, ich erledige das schon«, erbot sich Tobbi. »Du bist wirklich ein Freund«, sagte der Roboter erleichtert. »Übrigens, ein Tau brauchst du nicht. Die Propellernabe hat oben eine Bohrung. Da kannst du den Haken durchstecken. Ich habe das Loch extra gebohrt, damit man einen Eisenstab hindurchführen kann, um die Nabe loszuschrauben. Und die Treppenstufen brauchst du auch nicht wieder hochzuklettern«, tröstete Matthias ihn. »Wir ziehen dich zusammen mit dem Fliewatüüt nach oben. Du setzt dich einfach hinein.« Die Sache ging glatt. Tobbi schob den Haken in das Loch hinein. Dann stieg er ein und hob die Hand. Das bedeutete: fertig! »Fertig!« rief Matthias, der sich über das Geländer beugte und alles scharf beobachtete. »Fertig!« wiederholte Robbi, klammerte seine starken Roboterfinger um das Seil und fing an zu ziehen. Kaum war das Fliewatüüt oben angelangt, da schwenkte Matthias den eisernen Kranbalken nach innen. Dann gab er dem Roboter ein Zeichen, und der seilte die Maschine ab, bis sie sicher auf der Galerie stand. »Erstklassige Erfindung!« lobte Tobbi, als er ausstieg.

Boy Lornsen: Robbi, Tobbi und das Fliewatüüt

(Auszug aus Kapitel 7)

Bei einem Seilzug wird die Last an einem Ende des Seils befestigt und an der anderen Seite wendet eine Maschine oder ein Mensch Kraft auf zum Ziehen. Über eine Rolle wird die Richtung, in der die Kraft wirkt, verändert. Der Kraftaufwand wird nicht verändert, aber durch die Umlenkung des Seils ist die Zugrichtung oft angenehmer. Ein Seilzug, wie z.B. an einem Kran, mit mehreren Rollen ist noch attraktiver, da das Seil durch die Rollen eine größere Strecke zurücklegt als die zu bewegende Last und daher weniger Kraft benötigt wird.

Forscher in Aktion

Hochgehoben – oder hochgezogen

- **Einstiegssituationen**
  Seilzug am Spielplatz; Baustelle: Hochziehen von Lasten, Beobachten eines Krans
- **Material**
  Nudelholz und Schnur oder vorhandener Seil- oder Flaschenzug, Eimer, Sand oder Bauklötze
- **Umsetzung**
  Der Eimer wird beladen mit Sand oder Bauklötzen. Können die Kinder den Eimer anheben?

  Nun das Seil über das Nudelholz legen. Das Nudelholz kann von der pädagogischen Fachkraft oder einem Kind an den Griffen gehalten werden. Was müssen die Kinder tun, damit der Eimer hochgezogen wird? Wie unterscheidet sich die Bewegung? Können die Kinder den Eimer mit den Armen höher anheben als durch das Ziehen des Seils?

  Mit wie viel Schaufeln Sand bzw. Bauklötzen kann der Eimer beladen werden, und ab wann empfinden die Kinder das Hochziehen leichter als direktes Anheben?
- **Weiterführende Idee**
  Dieser Effekt kann noch um einiges gesteigert werden, wenn ein Seilzug durch weitere Rollen in einen Flaschenzug umgewandelt wird.
- **Material**
  Turnstange; langes Seil; Rolle, auf der Kabel, Seile, Ketten o.Ä. aufgerollt waren (bei einem Baumarkt schenken lassen); Nudelholz
- **Umsetzung**
  Wie viel Seil benötigen die Kinder für den Bau eines Flaschenzuges? Danach ebenso wie beim Seilzug austesten, wie sich das Anheben des immer schwerer beladenen Eimers im Vergleich zum direkten Anheben anfühlt. Was fällt den Kindern auf?

5 Wippe und Schubkarre

Wer sitzt am längeren Hebel?

Eine weitere kraftsparende Erfindung, die das Anheben und Transportieren von Lasten erleichtert, ist die Schubkarre. Auch in so einem alltäglichen und recht einfach aussehenden Gerät wie einer Schubkarre steckt viel Wissen über das Wirken von Kräften. Schubkarre und auch eine Wippe nutzen das Prinzip des Hebels. Ein Hebel besteht aus einer Stange, die an einem Punkt auf einer Drehachse liegt. Der Ansatzpunkt zum Anheben eines Gewichtes sollte möglichst weit entfernt von der Drehachse sein, da dies den Kraftaufwand verringert.

Die Kraft, die von den Nutzenden einer Schubkarre aufgebracht wird, ist physikalisch betrachtet Arbeit.

Gehoben und geschoben

Ein Hebel erleichtert die Arbeit, ein Gewicht anzuheben, indem die »Goldene Regel der Mechanik« angewendet wird.

Forscher in Aktion

Arbeit und Spiel mit einer Schubkarre

- **Einstiegssituation**
  Beobachten von Menschen (z. B. auf einer Baustelle oder im Garten) bei der Benutzung einer Schubkarre; Kinder nutzen selbst eine Schubkarre auf dem Freigelände; Laub oder ein Sandberg, der abgetragen oder von einem Ort zum anderen transportiert werden soll
- **Einstiegsfragen**
  - Wer weiß, was eine Schubkarre ist?
  - Wie sieht eine Schubkarre aus? Oder ist es eine »Ziehkarre«?
  - Wer hat schon mal eine Schubkarre geschoben oder gezogen? Wer hat diese auch schon beladen benutzt?
  - Was ist das Praktische an einer Schubkarre? Was denkt ihr?
  - Wie transportiert sich Sand leichter: im Eimer oder in einer Schubkarre?
  - Kann ein Kind ein anderes Kind in der Schubkarre schieben?
  - Wozu werden Schubkarren benutzt?
- **Material**
  Schubkarre in passender Größe, Ladung wie z. B. Sand, Steine oder ein Kind aus der Gruppe (Achtung, das Gleichgewicht der Schubkarre zu halten ist dann sehr schwer. Zur Verdeutlichung reicht das Anheben der Schubkarre aus!)
- **Umsetzung**
  Aus wie vielen Teilen besteht eine Schubkarre? (Gestell, Rad und Wanne) Wo sind die Griffe? Lassen Sie die Kinder die Verlängerung der Griffe anfassen.
  - Geht das Gestell (Rohr) vom Griff bis zum Rad?
  - Ist die Wanne näher am Griff oder näher am Rad?

  Bitten Sie ein Kind, die Schubkarre zu benutzen. Füllen Sie einen Eimer oder ein anderes Gefäß mit Material (Sand, Steine, Holz o. Ä.) und stellen Sie es in die Schubkarre. Was denken die Kinder, wie viele Eimer wohl in die Schubkarre passen und wie viel ein Kind wohl schieben kann? Das Gewicht, mit dem die Schubkarre beladen wird, langsam steigern.

  Wie viele »Eimer« kann das Kind schieben? Lassen Sie ein Kind am Ende die voll beladene Wanne direkt anheben. Was geht leichter, die Wanne direkt hochzuheben oder die Griffe der Schubkarre anzuheben? Wie viele Kinder würden benötigt, die vollbeladene Wanne direkt hochzuheben?

  Haben die Kinder eine Idee, weshalb sie beim Anheben der Schubkarre leichter viel Gewicht anheben können?

Moment mal: das Drehmoment

Bei der Benutzung einer Schubkarre sind die Griffe der Schubkarre der Ansatzpunkt der Kraft. Hebt ein Kind mit Muskelkraft die Schubkarre an, so bewirkt das Anheben eine Drehung der gesamten Schubkarre. Dies ist für die Hebelwirkung sehr wichtig! Die Drehachse des Hebels ist bei der Schubkarre gleichzeitig auch die Achse, um die sich das Rad der Schubkarre dreht. Die Drehwirkung, die die Kinder beim Anheben der Schubkarre ausüben, nennt man daher Drehmoment! Gibt es ein Drehmoment nur in eine Richtung, so spricht man von einem einseitigen Hebel (z. B. Schubkarre, Schraubenschlüssel, Spaten). Es gibt jedoch auch zweiseitige Hebel, wo die Kräfte links und rechts von der Drehachse angreifen, wie z. B. bei einer Wippe (siehe S. 55) oder einer Balkenwaage (siehe S. 21).

- **Weiterführende Ideen**
  - Fertigen Sie ein Plakat an, wo aufgeschrieben wird, wie viele gefüllte Eimer/Gefäße die Kinder mit der Schubkarre von einem Ort zum anderen transportiert haben. Lassen Sie die Kinder dieselbe Anzahl Eimer per Hand zurücktragen. Was empfinden die Kinder als anstrengender, den Transport mit der Schubkarre oder das direkte Tragen der Eimer oder Gefäße?
  - Wenn in der Einrichtung Bretter, Stämme oder Röhren o. Ä. zur Verfügung stehen, dann bitten Sie die Kinder, selber Hebel zu bauen, mit denen es möglich ist, Gewichte anzuheben.

Spiel

Die Benutzung von Schubkarren kann auch sehr spielerisch umgesetzt werden.

In Hessen gibt es auf Kirchweihfesten oft Schubkarrenrennen. Dabei wird eine Rennstrecke mit Hindernissen festgelegt, z. B. ein Slalom um Plastikflaschen. Veranstalten Sie ein Schubkarrenrennen mit beladenen oder unbeladenen Schubkarren.

Auch ein »unechtes« Schubkarrenrennen ist lustig: Ein Kind ist die Schubkarre: Es stützt sich mit den Händen auf dem Boden ab, an den Beinen wird es von einem anderen Kind gehalten und »geschoben«. Dies erfordert einiges an Körperkoordination und Körperspannung!

Forscherfragen

- Ist der eigene Arm denn auch ein Hebel?
- Welche Hebel (z. B. Flaschenöffner) kennen die Kinder noch im Alltag oder auf dem Spielplatz?
- Ist eine Schaukel oder eine Wippe auch ein Hebel?

Die Wippe – ein zweiseitiger Hebel

Die Wippe ist ein wunderbares Spielgerät und lässt sich für die naturwissenschaftliche Bildung sehr vielseitig zu nutzen. An einer Wippe lassen sich u.a. Kräfte (Kraft und Gegenkraft), Hebelwirkung, Gleichgewicht und auch das Thema Waage thematisieren. Von Kindern wird die Wippe zum Glück vor allem erst mal als Spielgerät wahrgenommen.
Kinder erfahren beim Spiel mit der Wippe sehr direkt, was Hebelwirkung bedeutet. Ohne es sich bewusst zu machen, testen sie oft gerne die Grenzen dieser Hebelwirkung aus. Diese Erfahrungen sind sehr wichtig und, wie im Vorwort angesprochen, ist dieser Erfahrungsschatz fast eine Grundvoraussetzung, um ins Forschen zu kommen.

Wer keine Wippe im Freigelände oder auf einem nahe gelegenen Spielplatz hat, kann sich sehr leicht mit Brett/Baumstamm und einem Stein, Holzstück oder Nudelholz als Drehachse behelfen. Auch wenn so eine selbst gebaute Wippe nicht immer zum Sitzen, sondern manchmal eher zum Stehend-Wippen geeignet ist, ist es ein wunderbares »Forschungsobjekt«.

Forscher in Aktion

Gemeinsam nicht einsam

- **Einstiegssituation**
  Bauen und Spielen an einer Wippe; Streit um Plätze an/auf einer Wippe; Diskussionen um »Gleichheit«, »stärker sein« etc.
- **Einstiegsfragen**
  - Kann man alleine wippen?
  - Kann ein Kind mit einem Erwachsenen wippen?
  - Mit wie vielen Kindern kann man wippen?
  - Müssen Kinder, die gemeinsam wippen, gleich alt sein?
  - Müssen die Kinder gleich groß sein?
  - Was verändert sich, wenn auf den Seiten mehr als ein Kind sitzt?
  - Darf man auf einer Wippe immer nur hinten sitzen?
  - Ist immer eine Seite unten?
  - Wer bewegt die Seiten hin und her?
  - Kann man eine Wippe selber bauen? Was wird dazu gebraucht?
- **Material**
  Wippe, Baumstamm oder Brett

- **Umsetzung**
  Bitten Sie die Kinder, ihre oder die vorhandene Wippe genau zu betrachten: Was kann eine Wippe? Was, denken die Kinder, sind die wichtigsten Teile, damit eine Wippe hin und her wippen kann?
  Bitten Sie ein Kind, sich auf eine Seite der Wippe zu setzen bzw. zu stellen. Hat sich die Wippe bewegt, als sich das Kind daraufgesetzt hat? Auf welche Seite sollte sich ein zweites Kind setzten, damit die beiden miteinander wippen können?

Die Sache mit der Hebelwirkung

Bei einer Wippe ist die Drehachse in der Mitte, daher können beide Seiten als Hebel funktionieren. Durch die Auswahl des Sitzplatzes kann die Hebelwirkung in die eine oder andere Richtung verstärkt werden.

Leider sind mittlerweile viele Wippen mit Federn statt Drehachse ausgestattet, sodass auch die Hebelwirkung »abgefedert« wird.

Wählen Sie gerne zwei ganz unterschiedliche Kinder aus. Was müssen die Kinder tun, damit sie anfangen zu wippen? Wenn die Kinder sich nicht bewegen, wer ist dann oben? Können die Kinder es selber schaffen, dass nicht immer nur eine Wippenseite oben ist? Wenn ein Kind näher an die Drehachse heranrückt, ist für das andere Kind weniger Kraft zum Anheben des Gewichtes nötig, da die Hebelwirkung dort »verkürzt« wird.

- Können weitere Kinder beim Wippen helfen?
- Wo setzten sich diese Kinder hin?
- Bekommen die Kinder es hin, dass die Wippe ins Gleichgewicht kommt?

In diesem Zustand sind Hebelwirkung, Kraft und Gewicht im Gleichgewicht. Die Kinder bewirken durch ihre Masse eine Kraft nach unten.

- **Weiterführende Ideen**

  Testen Sie mit den Kindern unterschiedliche Konstellationen:
  - Wie viele Kinder müssen auf der Wippe Platz nehmen, damit ein Erwachsener oder ein größeres Kind hochgehebelt werden? Wo hat die einzelne Person gesessen, wo die anderen?
  - Wie viele zukünftige Schulkinder etc. können auf der einen Seite Platz nehmen und hochgehebelt werden?
  - Was kann die zarteste Person aus der Gruppe/Einrichtung hochhebeln, hochwippen?

Kreative Forscher

Selbst eine Wippe bauen

Lassen Sie die Kinder selbst eine Wippe bauen aus stabilem Material wie z.B. einem Lineal und Streichholzschachtel, Brett, flachem Stein, festerer Pappe und halbierten Papprollen – der Fantasie sind da keine Grenzen gesetzt.

Können die Kinder die Wippe mit dem vorhandenen Material ins Gleichgewicht bekommen? Wie kann eine Wippe so beladen werden, dass eine Seite immer unten bleibt?

- **Weiterführende Idee**

  Welche Form von Unterbau ist für Wippen besonders gut geeignet? Eckig wie eine Streichholzschachtel oder halbrund wie eine halbe Papprolle?

Ein Experiment für den Stuhlkreis ist die Kerzenwippe. Die Kerzenwippe irritiert Kinder oft am Anfang, da dazu eine Kerze an beiden Seiten angezündet wird. Irritationen sind hervorragende Anreize zum Lernen. Nutzen Sie dies!

Forscher in Aktion

Erleuchtung garantiert! – die Kerzenwippe

Mit einer Kerze als zweiarmigem Hebel lässt sich aufgrund des Hebelgesetzes eine Kippschwingung aufrechterhalten.

- **Einstiegsfragen**
  - Kann man Kerzen auch an zwei Seiten anzünden?
  - Was passiert, wenn man dies tut?
- **Material**

  Stricknadel, Kerze, Feuerzeug oder Streichhölzer, Messer, zwei gleich große Bauklötze o. Ä., feuerfeste Unterlage
- **Umsetzung**

  Eine längere Kerze so präparieren, dass an beiden Enden der Docht sichtbar wird. Nun die Kerze genau in der Mitte mit einer Stricknadel durchbohren.

  Anschließend auf der feuerfesten Unterlage die Kerze mit der Stricknadel so auf zwei Becher oder Klötze auflegen, dass sie um die Stricknadel frei drehbar ist.

  Zündet man nun beide Seiten der Kerze an, so pendelt diese nach kurzer Zeit in langsamen Schwingungen hin und her.

Warum die Kerze wippt

Die Kerze stellt einen zweiarmigen Hebel mit der Stricknadel als Drehachse dar, bei dem die Länge der Hebelarme ständig variiert. Im Ausgangszustand ist die Kerze austariert, d. h. ihr Schwerpunkt befindet sich an der Drehachse in der Mitte der Kerze. Dreht man die Kerze kurzzeitig aus der Ruhelage, so schmilzt die Flamme auf der tiefer liegenden Seite mehr Wachs ab als an der höher liegenden Seite. Daher brennt oder tropft auf dieser Seite der Kerze im gleichen Zeitraum mehr Wachs ab als auf der anderen Seite. Der Schwerpunkt der Kerze verlagert sich dadurch von der Drehachse in Richtung des höher liegenden Endes der Kerze. Es entsteht ein Drehmoment, welches das obere Kerzenende nach unten sinken lässt. Nun brennt oder tropft von dieser Seite das Wachs schneller ab. Der Schwerpunkt der Kerze ändert erneut seine Lage und die Kerze beginnt zu wippen.

Ein weiteres Spielgerät mit großem physikalischem Potenzial, das in fast allen Einrichtungen vorhanden ist, ist die Rutsche.

6 Die Rutsche

Viel Spaß mit wenig Reibung

Es gibt wenige Kinder die ungern rutschen. Rutschen macht viel Vergnügen, lässt die Kinder Beschleunigung und ein »Dahingleiten« erleben. Daher gibt es Umgangsprachlich noch viele weitere spannende Worte für Rutschen, z. B. glitschen, schlittern, flutschen oder schlipfen.

Rasante Talfahrt

Wie bei einer schiefen Ebene wirken auf einer Rutsche zwei Kräfte auf ein rutschendes Kind, allerdings hat die Rutsche im Vergleich zum Beispiel zu einem Hügel, Deich oder einer Auffahrt eine Besonderheit. Was unterscheidet eine Rutsche von einem Hügel? Es hilft ein Blick auf ihre Oberfläche: Wie ist sie beschaffen? Sicherlich haben viele pädagogische Fachkräfte schon beobachten können, wie Kinder Sand auf eine Rutsche gestreut haben oder sich zum Rutschen auf ihre Jacke gesetzt haben. Was wollen Kinder damit bezwecken? Was verändert sich beim Rutschen durch den Sand oder eine Jacke als Unterlage? Bei diesem »Spiel« sind die Kinder mitten im Entdecken und Forschen. Meist wissen Kinder – für die Kinder oft als selbstverständlich wahrgenommen –, dass unterschiedliche Materialien auch unterschiedliche Wirkung auf das eigene Rutschen haben. Die Kinder haben damit die Reibungskraft zwischen zwei Oberflächen entdeckt.

Lesetipp – Robbi, Tobbi und das Fliewatüüt

Am Anfang ist da die »verflixte Neugierde«, die Polly MacMouse veranlasst, sich auf die spiegelglatte Rutschbahn zu stürzen. Robbi und Tobbi wollen sie retten, weil sie Angst haben, dass Polly vielleicht in einem Brunnen landet, und stürzen sich heldenhaft hinterher auf die spiegelglatte Bahn … Zisch geht es hinab – und am Ende haben alle einen Riesenspaß.

Die packende Beschreibung einer Rutschpartie im Kapitel 14 ist nicht der einzige »physikalische Spaß«, der sich in Boy Lornsens lesens- und vorlesenswertem Kinderklassiker findet (Verlag Thienemann).

Kann im Alltag überhaupt alles glatt verlaufen?

Es gibt einige unterschiedliche Reibungsarten, die alle in unserem Alltag vorkommen. Ein reibungsloser Alltag ist physikalisch gesehen daher unmöglich und sogar unsinnig! Unser Alltag wäre ganz anders, gäbe es keine Haftreibung, denn dann würden z. B. Möbel nicht so stabil an ihrem Platz stehen bleiben. Ein Körper haftet an einem anderen, wenn beide relativ zueinander in Ruhe sind. Was passiert, wenn ein schweres Möbelstück verschoben wird? Aller Anfang ist schwer, oder? Aber wenn das Möbelstück erst mal angeschoben ist, benötigen Sie weniger Kraft zum Schieben. Das liegt daran, dass zuerst die Haftreibung überwunden werden muss. Auch bei einem abgestellten Fahrrad, z. B. auf einer schrägen Ebene, wirkt Haftreibung zwischen Reifen und Straße, sonst würde das Fahrrad sofort wegrollen.

Forscher in Bewegung

RiRaRutsch! Eine Rutschparty

Die für das vergnügliche Rutschen erforderliche Gleitreibung liegt vor, wenn ein Körper auf einem anderen gleitet, die Körper zueinander in Bewegung sind.

- **Einstiegssituationen**

  Kinder auf einer Rutsche; rutschende Schuhe oder ein Kind, das ausgerutscht und hingefallen ist; Diskussion über das Tragen von Hausschuhen oder (Anti-Rutsch)-Socken

- **Einstiegsfragen**
  - Wer kann mit seinen Schuhen gar nicht rutschen, wer besonders gut?
  - Kann jeder rutschen?
  - Rutscht ihr immer gleich schnell?
  - Was soll der Sand auf der Rutsche?
  - Gibt es Kleidung, die ihr besonders gerne beim Rutschen tragt?
  - Wer ist schon mal auf einer Wasserrutsche gerutscht? Wie fühlt sich das im Vergleich zu einer normalen Rutsche an?

- **Material**

  Rutsche oder glatte schiefe Ebene, wie z.B. eine schräg gestellte Bank im Bewegungsraum; unterschiedliche Kleidungsstücke oder Materialien wie z.B.: Flies, Regenjacke, Baumwollshirt, Plastiktüte, Zeitungspapier, Teppichrest, Kork, Picknickdecke, Isomatte, Schleifpapier, altes Backblech etc.; 3 gleich schwere Steine oder Dosen; Kurzzeitmesser (Stoppuhr)

- **Umsetzung**

  Bitten Sie jedes Kind einmal zu rutschen und lassen Sie die anderen Kinder einschätzen, ob es besonders schnell oder langsam gerutscht ist. Können die Kinder eine Reihenfolge bilden, vom schnellsten zum langsamsten Rutschenden? Sind die Kinder alle in derselben Haltung gerutscht? Verändert die Haltung die Rutschgeschwindigkeit?

  Was unterscheidet die schnellen von den langsameren Rutschenden? Was für Möglichkeiten gibt es, wie die langsameren schneller und die schnellen langsamer werden könnten? Sammeln Sie die Ideen und Beobachtungen der Kinder.

  Lassen Sie unterschiedliche Materialien suchen oder legen Sie unterschiedliche Materialien bereit.

Um den Einfluss der unterschiedlichen Materialien zu testen – unabhängig von der Haltung, Größe und Schwere des Kindes –, kann ein Stein auf unterschiedlichen Materialien die Rutsche heruntergerutscht werden.

Welche Idee haben die Kinder, wie die Geschwindigkeit der unterschiedlichen Rutschmaterialien gemessen werden kann? Rutschen einige sogar über die Rutsche hinaus? Ist der »Bremsweg« unterschiedlich lang?

Ist eine breite Rutsche vorhanden, können auch zwei Steine parallel rutschen. Mit einer Stoppuhr kann die Rutschzeit gestoppt werden. Die Zeiten notieren Sie in einer Tabelle.

Auf welche Ideen zum Messen sind die Kinder gekommen?

Die Materialien sollten abschließend in einer »Geschwindigkeitsreihe« hingelegt werden.

- **Weiterführende Idee**

Untersuchen Sie gemeinsam mit den Kindern die Materialien auf ihre unterschiedlichen Eigenschaften. Finden die Kinder Materialeigenschaften, die besonders schnell bzw. langsam machen?

Eltern in Aktion

Wenn die Materialien doppelt vorhanden sind, dann präsentieren Sie diese in der Einrichtung den Eltern. Überdecken Sie die »korrekte« Reihe mit einem Tuch oder legen Sie verdeckt ein Foto der Reihe hin und lassen Sie die Eltern die Materialien ordnen mit der Aufforderung: »Welches Material macht ein Kind auf der Rutsche besonders schnell? Bitte sortieren Sie die Materialien in der Reihenfolge schnell – schneller – am schnellsten.«

Fast alle Eltern sind neugierig und werden kontrollieren, ob ihre Reihe »richtig« ist. Dies ist eine einfache Möglichkeit für die Kinder und für die pädagogischen Fachkräfte, mit den Eltern ins Gespräch über die Aktivitäten in der Einrichtung zu kommen.

Auf die Plätze, fertig, rutschen!

Die unterschiedlichen Reibungseigenschaften können gut weiter im Gruppenraum untersucht werden, indem Sie ein altes Backblech, Tablett oder glattes Brett als schiefe Ebene oder Rutsche nutzen. Nehmen Sie die Unterlegmaterialien und lassen Sie einen Bauklotz auf entsprechend verkleinerten Stücken von Zeitungspapier, Plastiktüte, Schleifpapier rutschen.

Bewährt hat es sich, die Kinder sechs unterschiedliche Materialien suchen zu lassen (oder vorzugeben), wie z. B. Bauklotz, Legostein, Radiergummi, Teelicht, Kreide und Eiswürfel. Die Gegenstände sollen an einem Rand des Brettes/Bleches aufgereiht werden. Wird das Blech oder Tablett angehoben, welcher Gegenstand, welches Material rutscht als Erstes?

Die Kinder geben Tipps ab. Und dann langsam das Tablett/Blech anheben und überprüfen, welcher Gegenstand zuerst losrutscht, bei dem also die sogenannte »Haftreibung« am geringsten ist. Wie steil muss das Tablett/Blech gehalten werden, damit alle Dinge losrutschen? Um die »Steilheit« der

Rutsche zu bestimmen, können die Kinder mit einem Längenmaß messen. Oder aber sie legen nach und nach Bücher unter das Tablett/Blech. Dann lässt sich notieren, bei wie vielen Büchern bzw. welcher Höhe welche Dinge losrutschen z. B.:

Menge an Büchern	Höhe in cm	Dinge, die »losrutschen«
5	17	Stein
6		
7		
8		Teelicht

Wenn die Ebene so schief ist, dass alle Dinge losrutschen, wer rutscht dann am schnellsten? Wer keine Tabelle ausfüllen mag, kann auch anschließend eine Reihe legen, welcher Gegenstand zuerst losgerutscht ist und welcher am längsten liegen geblieben ist.

Vielleicht haben die Kinder bei diesem Experiment die Positionen der Gegenstände auch mal gewechselt, und ein anderer Gegenstand ist auf der ehemaligen Eiswürfelbahn gerutscht. Ist den Kindern dabei etwas aufgefallen? Hat sich die Geschwindigkeit des rutschenden Gegenstandes verändert?

Alles reibungslos heute ?

Für viele Alltagsdinge ist ein »reibungsloser« Ablauf der angestrebte Zustand. Wie lässt sich Reibung verringern?

Forscher in Aktion

Rasante Rutschversuche

- **Einstiegssituationen**
  Schlecht aufgepumpte oder platte Reifen an Fahrzeugen oder einer Schubkarre im Freigelände; Straßenausbesserungsarbeiten; Besuch im Schwimmbad: Wasserrutsche; gefrorene Pfütze; frisch gewischter oder »gebohnerter« Boden
- **Einstiegsfragen**
  - Was verändert sich, wenn bei der Schubkarre/beim Laufrad der Reifen wieder gut aufgepumpt ist?
  - Ist man auf einer Wasserrutsche schneller oder langsamer als auf einer normalen Rutsche?
  - Was ist an frisch geputztem Boden so besonders?
  - Wie fühlt sich Eis an?
- **Material**
  Metallfläche: Rutsche, altes Blech, Tablett oder Brett als schiefe Ebene; unterschiedliche Gegenstände in jeweils zweifacher Ausführung; Wasser und Schwamm; Seife
- **Umsetzung**
  Eine Hälfte der schiefen Ebene (Blech, Tablett oder Brett) mit einem Schwamm befeuchten und nun die Gegenstände auf der trockenen und der nassen Seite herunterrutschen lassen. Ist die Geschwindigkeit auf beiden Seiten für alle ausgetesteten Gegenstände gleich?
- **Für Draußen**
  An einem heißen Sommertag – falls vorhanden – die eigene Rutsche mal absichtlich in eine Wasserrutsche verwandeln. Zu anderen Jahreszeiten bei regnerischem Wetter mit der Regenhose die Rutsche herunterrutschen.
- **Weiterführende Ideen**
  Was passiert, wenn die feuchte Seite zusätzlich »eingeseift« wird?

Reibung erwünscht

Nicht immer ist möglichst wenig Reibung erwünscht. Bisweilen wird aktiv etwas unternommen, um die Reibung in unserem Alltag zu erhöhen. Fahrzeuge, die besonders gut auf jeglichem Untergrund unterwegs sein sollen (z. B. Mountainbike oder Traktor), haben ein besonders starkes Profil in ihren Reifen. Wenn es im Winter glatt ist, wird Sand oder Rollsplitt aufgebracht, damit die Reibung erhöht wird. Turner und Kletterer versehen ihre Hände ab und zu mit Magnesia-Puder, um die Reibung bzw. Haftung ihrer Hände zu erhalten bzw. zu optimieren.

Schlittschuh laufen

Zum Thema Rutsche(n) gehört selbstverständlich auch das vergnügliche Rutschen auf einer gefrorenen Pfütze oder größeren Eisfläche. Obwohl Menschen sicherlich seit es Eisflächen gibt darüber rutschen, konnten Wissenschaftler die genaue Ursache für diesen Rutschfaktor bis heute nicht vollständig enträtseln. Beim Schlittschuhlaufen liegt auf dem Eis ein dünner Wasserfilm, der wie ein Gleitmittel wirkt, wie bei einer Wasserrutsche im Schwimmbad oder frisch gewischten Fliesenböden. Bisher ist immer noch nicht vollständig aufgeklärt, was die Ursache für diesen dünnen Wasserfilm ist.

Für detailliertere Informationen siehe: http://www.weltderphysik.de/thema/hinter-den-dingen/winterphaenomene/schlittschuhlaufen

Auf die Lage kommt es an

Wer kennt die Situation nicht: Kinder stehen am unteren Ende einer Rutsche und versuchen, einen Ball die Rutsche hoch zu werfen. Was fasziniert die Kinder daran? Der Ball rollt immer wieder zu ihnen zurück, und es dauert eine ganze Zeit, bis die Kinder herausgefunden haben, mit wie viel Schwung der Ball die Rutsche hochrollen muss, damit er oben ankommt und wieder herunterrollt. Die Kinder verändern auf diese Weise die Lage-Energie des Balls. Die eigene Lage-Energie (potenzielle Energie) der Kinder ändert sich, wenn Kinder die Leiter einer Rutsche hochklettern. Dies erfordert Muskelkraft, und dabei müssen Kinder »Arbeit« aufbringen, um die Masse ihres Körpers der Schwerkraft entgegengesetzt nach oben zu bewegen. Somit verändert sich die Lage-Energie oder potenzielle Energie.

Die Lage-Energie spüren größere Kinder auch beim Abspringen von einem Sprungbrett ins Wasser.

Die Änderung der Lage-Energie durch einen Abstand zur Erde und deren Wirkung auf einen Körper untersuchen größere Kinder sehr gerne im Sommer im Schwimmbad. Wer kennt die Spritzer rund um einen Sprungturm nicht?

Ins Wasser springen und tauchen ist nicht unbedingt etwas für jedes Kind im Elementarbereich, aber folgendes Modellsystem lässt sich auch ohne Schwimmbad nutzen.

Forscher in Aktion

Hier ist viel Potenzial drin!

- **Material**

  Murmel oder Stein, gut mit Wasser gefüllter Eimer, Wischtuch, trockener Boden, Längenmaß

- **Umsetzung**

  Den gefüllten Eimer auf den trockenen Boden stellen und eine Murmel oder den Stein hineinfallen lassen.

  - Was passiert, wenn eine Murmel in einen mit Wasser gefüllten Eimer plumpst?
  - Bis wohin hat das Wasser gespritzt? Messen Sie mit den Kindern die Entfernung des weitesten Spritzers zum Eimer.

    Für eine genauere Auswertung den Boden nach jedem »Plumps« wieder trocknen.
  - Was passiert, wenn die Murmel nun aus unterschiedlichen Höhen fallen gelassen wird. Was erwarten die Kinder?

Fallhöhe	Entfernung der Spritzer zum Eimer
20 cm oder Handbreit über dem Eimer	
50 cm oder ab dem Bauchnabel	
100 cm oder ab Lisas Nasenspitze	
150 cm oder auf dem Tritt stehend	

  - Lässt sich anhand der Höhe und Weite der Spritzer erkennen, ob die Murmel mit wenig oder mit viel Energie auf das Wasser geklatscht ist?

Mit Muskelkraft & Energie

Damit die Murmel auf eine bestimmte Höhe gelangt, muss sie angehoben werden. Anheben kostet Muskelkraft und Energie, und zwar umso mehr, je höher die Kugel gehoben wird. Bei einem halben oder einem Meter ist es schwer, wirklich einen Unterschied wahrzunehmen, trotzdem gilt, dass die aufgewendete Muskelkraft oder Energie danach in dem Gegenstand, z.B. der Murmel, steckt. Somit ist die Energie in dem Gegenstand gespeichert. Diese potenzielle Energie kann wieder freigesetzt und auch »genutzt« werden, wenn der Gegenstand wieder nach unten fällt, rutscht, läuft oder rollt.

Allerdings hat die Murmel in diesem Versuch beim Fallen ins Wasser nicht mehr die gesamte aufgeladene Energie, denn auf dem Weg nach unten wird die Murmel durch den Luftwiderstand gebremst. Wenn die Murmel rollt und nicht fällt, kann noch weniger von der »gespeicherten« oder veränderten Lage-Energie in Bewegungsenergie umgewandelt werden, da die Murmel durch die Reibung auf der Oberfläche gebremst wird.

Zurück zu der anfangs geschilderte Situation: Ein Ball wird auf eine Rutsche hoch geworfen. Mit »physikalischer Brille« durchgeführt, lässt sich so die Energieumwandlung gut darstellen.

Forscher in Aktion

Umwandlungskünstler Rutsche

- **Einstiegssituationen**

  (Fuß-)Ball spielen auf schräger Ebene; rutschende Kinder; Kind wirft, rollt einen Ball die Rutsche hoch; Sandmühle
- **Einstiegsfragen**
  - Gibt es schräge Fußballfelder?
  - Wer ist auf einem schrägen Fußballfeld im Vorteil?
  - Könnt ihr eine Rutsche auch hochrutschen?
  - Was passiert, wenn ein Ball auf die Hälfte der Rutschbahn gelegt wird?
  - Kommt ihr stärker aus der Puste, wenn ihr die Rutsche runterrutscht oder wenn ihr die Rutsche hochlauft?
- **Material**

  Rutsche, schräge Ebene, Hügel, Bank an der Sprossenwand im Bewegungsraum, Ball
- **Umsetzung**

  Was denken die Kinder: Wo würde ein Ball auf einer Rutsche liegen bleiben, ohne sich zu bewegen? Probieren Sie mit den Kindern aus, ob es einen Punkt auf der schiefen Ebene gibt, wo der Ball liegen bleibt. Rollt der Ball von unterschiedlichen Stellen der schiefen Ebene/Rutsche unterschiedlich weit? Bis wohin rollt der Ball, wenn er vom obersten Punkt losgelassen wird, bis wohin von der Mitte, bis wohin am unteren Ende. Bitten Sie ein Kind, sich jeweils an die Stelle zu stellen, an die der Ball gerollt ist, oder markieren sie diese mit einem Stein oder Stöckchen. Selbstverständlich eignet sich auch diese Aktion wieder zum Messen mit dem eigenen Längenmaß oder einem vorhanden Zollstock o. Ä. Die Ergebnisse können in einer Tabelle festgehalten werden.

Können die Kinder den Ball auch genau in die umgekehrte Richtung zurückrollen, also den Ball halb oder ganz die Rutsche hochrollen lassen? Testen Sie dies immer erst vom unteren Rutschenrand. Falls Sie an einem Hügel oder einer anderen schiefen Ebene experimentieren, können Sie auch direkt von den vorher ermittelten Endpunkten aus losrollen.

Was tun die Kinder, um den Ball die Rutsche wieder hinauf zu bekommen? Weisen Sie die Kinder darauf hin, dass der Ball beim Hinabrollen die ganze Zeit Bodenkontakt hatte – dies sollte er nun auch haben. Die Verlockung zu werfen ist sehr groß!

Wie viele Versuche benötigen die Kinder? Lassen Sie die Kinder beschreiben, was getan werden muss, damit der Ball »hochrollt«.

- **Weiterführende Ideen**

  Wer mag und Platz hat, kann die Kinder auch selbst eine passende schräge Ebene herunterrollen lassen. Welches Kind schafft es aus eigener Kraft, das Schräge wieder »hoch zu rollen«?

Statt seitwärts zu rollen können die Kinder – wenn es der Untergrund erlaubt – auch Purzelbäume machen, aber eigentlich ist das mehr was für Akrobaten. Genauso viel Freude und Neugier weckt die Beobachtung kleiner Purzelmännchen, die wieder und wieder ihre Purzelbäume schlagen. Folgendes Modell greift dies auf.

Kreative Forscher

Energiegeladenes Purzelmännchen

(Quelle: http://www.zukunft-der-energie.de/fileadmin/docs/pdf/Energiegeladenes_Purzelm%C3%A4nnchen.pdf)

- **Material**

  Murmel, Kapsel von einem Kinderüberraschungsei, Filzstoff, wasserfeste Stifte, Woll- und Fellreste, Schere, Klebstoff oder doppelseitiges Klebeband (Teppichklebe-Band) und eine schiefe Ebene (Blech, Tablett etc.) zum »Runterpurzeln«

- **Umsetzung**

  Das Überraschungsei ist der Kopf des Purzelmännchens und wird zunächst mit der Murmel gefüllt und verschlossen. Eine Figur aus Filzstoff schneiden und den Kopf zur Hälfte mit doppelseitigem Klebeband oder Kleber auf die Filzfigur kleben.

  »Naturwissenschaftlich« gesehen ist das Purzelmännchen bereits fertig – und das Ausprobieren und Experimentieren kann beginnen! Wer mag, kann jedoch dem Gestaltungsdrang freien Lauf lassen: Auf der Überraschungsei-Vorderseite kann mit den wasserfesten Stiften ein Gesicht gestaltet werden. Hände, Schuhe, Haare, Knöpfe – einfach die ganze Figur nach eigenen Vorstellungen gestalten.

Forscherfragen

- Schlägt das fertige Purzelmännchen wirklich Purzelbäume bis es unten ankommt – oder nur bis zur Hälfte der Strecke?
- Wie schräg muss die schiefe Ebene sein, damit die Figur bis nach unten, bis zur Mitte oder gar nicht purzelt?

Energieumwandlungsprozesse

Bei diesem Experiment setzt man sich ganz automatisch mit der Umwandlung von Lage- oder potenzieller Energie in Bewegungs- oder kinetische Energie auseinander. Purzelt die Figur über den Tischrand hinaus, dann beschleunigt sie bis zum Boden und gewinnt zusätzliche Bewegungsenergie. Beim Aufkommen auf dem Boden wiederum wird dann die gewonnene Energie durch Reibungsverluste in Wärmeenergie umgesetzt. Es findet somit ein ständiger Energieumwandlungsprozess statt. Unsere Muskelkraft, die diesen Umwandlungsprozess angeregt hat, ist auch umgewandelte Energie, die unser Körper aus unserer Nahrung gewonnen hat.

Nach diesem Energieumwandlungs-Prinzip funktionieren auch die Sandmühlen im Sandkasten. Wird Sand mit einer Schaufel über die Sandmühle gehoben, verändert sich seine potenzielle Energie, die beim Zu-Boden-Rieseln durch ihre Energie die kleinen Mühlenräder zum Drehen bringen.

Ebenso funktionieren auch Wasserkraftwerke, bei denen Wasser aus einem höher gelegenen Wasserreservoir (Stausee) nach unten fließt und dabei Turbinen dreht, die die Energie in Strom umwandeln.

- **Zum Weiterlesen**

  Zum Thema Energie hat die Stiftung »Haus der kleinen Forscher« eine gute Themenbroschüre herausgegeben, die kostenfrei im Netz unter: http://www.haus-der-kleinen-forscher.de/fileadmin/Redaktion/1_Forschen/Themen-Broschueren/Broschuere-Strom_Energie_2013.pdf zu finden ist.

7 Die Schaukel

Nicht mehr zu bremsen!

Kaum ein anderes Spielgerät wird so ausdauernd und lange anhaltend – bis in die Jugend – genutzt wie eine Schaukel. Im Erwachsenenalter wird vielen dabei schnell schwindelig. Kinder empfinden es eher als »fast wie fliegen«.

Fast wie Fliegen

Schaukeln ist ganzheitlich, es bedeutet Aktion der Muskeln, Sehnen und Gelenke, schult den Gleichgewichtssinn der Kinder und fördert die Entspannung – dies gilt übrigens auch für Kinder, die sich noch nicht selber Anschwung geben können.

Forscher in Bewegung

Schaukeln kann Schmetterlinge im Bauch machen, oder?

- **Einstiegssituationen**

Hängematte; Schaukelpferd; Schaukelstuhl oder kippelndes Kind; Kind auf einer Schaukel

- **Einstiegsfragen**
  - Was passiert beim Schaukeln?
  - Was passiert, wenn ein Kind auf der Schaukel sitzt und sich gar nicht bewegt?
  - Hängen Schaukeln immer?
  - Gibt es Schaukeln mit krummen Seilen?
  - Wie kommt es, dass sich Schaukeln so schön anfühlt?
- **Material**

  Schaukel
- **Umsetzung**

  Lassen Sie die Kinder einfach mal bewusst schaukeln. Kann man nur schaukeln, wenn der oder die Schaukelnde immer in Bewegung ist? Geht es auch, dass man nur nach vorne, aber nicht nach hinten schaukelt?

  Wie würden die Kinder jemandem am anderen Ende der Welt, der noch nie eine Schaukel gesehen hat, eine Schaukel und das Schaukeln beschreiben? Was für andere Schaukelgelegenheiten kennen die Kinder noch? Was ist der Unterschied zwischen Schaukeln und Kippeln?

Zwei Verfahren des Schwunggebens

Schaukeln ist eine sich wiederholende (periodische) Bewegung, analog zu der eines Uhrpendels. Bekommt ein Kind nur einen einmaligen Impuls, so kommt die Bewegung irgendwann zum Stillstand (da der Luftwiderstand die Bewegung abbremst). Nur durch aktives Bewegen können Kinder die Schaukelbewegung aufrechterhalten. Durch eigene gezielte Bewegung eine Bewegung aufrechtzuerhalten ist eine physikalische Grunderfahrung dafür, dass die eigene Kraft und Energie übertragen werden kann!

Beim Schaukeln kommen zwei verschiedene »Verfahren« des Schwunggebens bzw. der Energiezufuhr zur Bewegungserhaltung zum Einsatz:

- Schwung durch Verlagerung des Schwerpunktes
- Schwung durch Drehbewegung des Körpers

Falls keine Schaukel in der Nähe ist, hier eine Bauanleitung für eine einfache Schaukel, die jedoch eine Aufhängungsmöglichkeit (z. B. Baum mit stabilem Ast) voraussetzt.

Kreative Forscher

Bauanleitung für eine Reifenschaukel

- **Material**

  stabiles Seil (mindestens 2 m), ausgemusterter Autoreifen

- **Umsetzung**

  Das Seil am Reifen festknoten und das andere Ende des Seils an einem stabilen Ast verknoten. Das Seil sollte nicht zu nah am Stamm und mindestens 40 cm über der Erde hängen. Die Knoten müssen von Erwachsenen gemacht und überprüft werden, und fertig ist die Schaukel!

  Bitte beachten: Diese Schaukel ist nur eine temporäre Lösung, da das Seil durch das Hin- und Herscheuern am Ast dem Baum auf Dauer Schaden zufügen könnte.

Forscher in Aktion

Schaukeln ohne zu schaukeln

- **Einstiegssituationen**

  Kind, was ein anderes auf einer Schaukel anschubst; Kinder, die um die Wette (höher oder schneller) schaukeln; Freude über gerade gelerntes Schaukeln; Streit um die Schaukel

- **Einstiegsfragen**
  - Kann eine Schaukel sich allein bewegen?
  - Kann eine Schaukel endlos schaukeln?
  - Wie kann man Anschwung zum Schaukeln geben?
  - Welche Bewegung machen Kinder auf der Schaukel im Stehen, welche im Sitzen?

- **Umsetzung**

  Bitten Sie die Kinder zu zweit an eine Schaukel. Ein Kind darf sich auf die Schaukel setzten, soll sich jedoch gar nicht eigenständig bewegen. Die Schaukel wird nur von dem an der Schaukel stehenden Kind bewegt.

  Was muss das Kind tun, damit die Schaukelbewegung in Schwung kommt? Anschwung geben!

  Bitte genau beachten, dass sich das auf der Schaukel sitzende Kind ruhig verhält. Lassen Sie die Positionen tauschen, denn »aktives Stillsitzen« auf einer sich bewegenden Schaukel ist sehr schwer.

  Was passiert, wenn das schaukelnde Kind nun den Oberkörper bewegen darf? Was passiert, wenn es nur die Beine bewegt? In welchem Fall ist es leichter, die Schaukel in Schwung zu bringen? Lassen Sie immer ein Kind beobachten, das andere schaukelt. Die Positionen wechseln.

- **mögliche Fragen an die Beobachtenden**
  - Was gehört alles zum Oberkörper dazu? Was hat das Kind alles bewegt, als es »nur« den Ober-

körper bewegen durfte. Ist die Schaukelbewegung in Gang gekommen? Was bewirkt das Zurücklehnen auf einer Schaukel?

- Haben sich wirklich nur die Beine bewegt? Ist die Schaukelbewegung auch hier in Gang gekommen?

- **Weiterführende Ideen**
  - Was verändert sich im Bewegungsablauf, wenn die Kinder im Stehen schaukeln?
  - Was passiert, wenn die Kinder zwischendurch in die Hocke gehen?
  - Gibt es Punkte, an denen sich das In-die-Hocke-Gehen auf die Schaukelbewegung besonders stark auswirkt?

Wie Schaukeln geht

Durch gezielte Bewegungen lässt sich Energie so wirksam auf die Schaukel übertragen, dass der eigene Schwerpunkt beim Aufrichten etwas höher gelegt wird. Die Schwerkraft zieht den höher liegenden Schaukelnden an und bewirkt die Umwandlung der Schwerpunktsverlagerung in Bewegungsenergie. Dies hat eine Abwärtsbewegung der Schaukel zur Folge. Durch die Aufhängung der Schaukel entsteht eine Pendelbewegung und ermöglicht, dass die Schwingung über den Tiefpunkt hinausgeht und wieder ansteigt. Dieser Prozess wird verstärkt, wenn sich das schaukelnde Kind aufrichtet.

Wenn ein Kind also durch das Strecken und Anziehen der Beine und das Aufrichten des Oberkörpers den Körperschwerpunkt etwas nach oben verlagert hat, so nutzt es unbewusst physikalische Gesetzte.

Forscher in Bewegung

Kann man beim Schaukeln bremsen?

- **Einstiegssituationen**

  Bitte ums Anschwunggeben; Kind, das nicht von der Schaukel runterkommt; abspringende Kinder

- **Einstiegsfragen**
  - Wie kann man beim Schaukeln bremsen? Abspringen?
  - Was passiert, wenn ihr eure Beine beim Schaukeln ruhig lasst?
  - Wird eine Schaukel im Stehen oder im Sitzen stärker gebremst?
  - Kann man auch bei Wind schaukeln?

- **Material**

  Schaukel, Zeitungspapier oder Pappe, Kreppklebeband

- **Umsetzung**

  Fragen Sie die Kinder, wie sie im Alltag das Schaukeln abbremsen. Müssen die Kinder was dafür tun? Jedes Kind kann vorführen, wie es die Schaukelbewegung abbremst. Geben Sie dazu immer von demselben Punkt Anschwung. Welche unterschiedlichen Techniken haben die Kinder? Was nutzen die Kinder dazu? Ist es möglich, das Schaukeln auch schnell abzubremsen, ohne dass die Füße den Boden berühren?

  Lassen Sie die Kinder nun nochmal auf die Schaukel und geben Sie dem schaukelnden Kind eine aufgefaltete Zeitung oder ein großes Stück Pappe mit, das es sich vor die Beine hält. Bitte wieder Anschwung geben von der gleichen Position wie beim einfachen »Brems-Auftrag«.

  Was sagt das schaukelnde Kind – bremst es jetzt schneller als vorher? Wie schätzen das die beobachtenden Kinder ein? Könnte man das Abbremsen messen? Welche Ideen haben die Kinder?

Forscher in Bewegung

Können zwei Kinder gleich schnell schaukeln?

- **Einstiegsfragen**
  - Können große Kinder schneller schaukeln als kleine?
  - Sind schwere Kinder schneller als leichte?
  - Können zwei Kinder parallel schaukeln?
- **Umsetzung**

Jedes Kind lernt in seinem Tempo, daher gibt es Vierjährige, die schon schaukeln können, und Sechsjährige, die es gerade erst lernen. Für dieses Experiment müssen nicht alle Kinder schaukeln können, sondern es kann sogar von Vorteil sein, auch Kinder dabei zu haben, die es noch nicht können!

Wer hat schon mal gleich schnell mit seiner Freundin oder Freund geschaukelt?

Welche Eigenschaften der Kinder können die Schaukelgeschwindigkeit beeinflussen? Unterschiedliche Größe? Um zu untersuchen, ob die Länge der Kinder etwas mit der Schaukelgeschwindigkeit zu tun hat, sollten zwei möglichst unterschiedlich lange Kinder teilnehmen, die über dieselben Schaukelfähigkeiten verfügen.

Nachdem die Kinder auf den Schaukeln Platz genommen haben, bitten Sie zwei weitere Kinder, gleichzeitig gleich viel Anschwung zu geben. Das ist sehr schwer! Beobachten Sie, was passiert. Die Kinder, die auf der Schaukel Platz genommen haben, sollen sich nicht aktiv bewegen. Sind die beiden Schaukeln parallel?

Können Sie dasselbe beobachten mit einem schweren und einem leichten Kind?

Selbstverständlich können Sie ebenso untersuchen, ob das Gewicht der Kinder einen Einfluss auf die Schaukelgeschwindigkeit hat.

Auch hier ist die Erfahrung, dass es möglich ist, parallel zu anderen Kindern zu schaukeln, aber schwierig, diesen Zustand lange aufrechtzuerhalten, in sich sehr wertvoll – auch ohne die dahinter stehende Physik im Detail aufklären zu wollen! Wer dennoch Lust darauf hat, dem sei folgendes Modellsystem empfohlen.

Das Pendel

Für eine genauere Untersuchung der Schaukelgeschwindigkeit bietet sich ein einfaches Pendel an:

Forscher in Aktion

Pendel-Schaukel

- **Material**

  Schnur (mind. 2 m, kein Gummiband!), Stofftasche, Bauklötze oder andere Gewichte, Haken an der Decke oder andere Befestigungsgelegenheit, Zeitmesser

- **Umsetzung**

  Die Schnur am Haken befestigen, am unteren Ende die Stofftasche befestigen, und zwar so, dass sie nicht über den Boden schleift. Fertig ist ein Pendel, das sich genauso wie eine Schaukel auf dem Spielplatz verhält – nur ohne aktiv Schaukelnden. Zu Beginn einen Bauklotz in die Stofftasche legen und dem Pendel von einem bestimmten Punkt Anschwung geben. Zählen Sie gemeinsam mit den Kindern, wie oft das Pendel in einer Zeiteinheit (30 Sekunden oder welche Zeiteinheit die vorhandene Sanduhr hat) hin und her schwingt. Wie oft pendelt die Stofftasche hin und her, wenn zwei, drei oder noch mehr Bauklötze in der Tasche sind?

  Notieren Sie das Ergebnis auf einem Plakat oder in den Forscherheften z. B. mit folgender Tabelle:

  Langes Pendel

Anzahl an Bauklötzen	1	3	5	7
Gezählte Schwingungen				

  Was passiert, wenn Sie die Tasche höher aufhängen, die Schnur verkürzen?

  Kurzes Pendel

Anzahl an Bauklötzen	1	3	5	7
Gezählte Schwingungen				

  Vergleichen Sie mit den Kindern die Werte: Hat das unterschiedliche Gewicht in der Tasche (auf der Schaukel) die Anzahl der Schwingungen beeinflusst? Oder hat die Schnurlänge einen größeren Einfluss?

  Denn: ein kürzeres Pendel hat eine kürzere Schwingungsdauer und schwingt somit schneller hin und her.

- **Weiterführende Idee**

  Für Fortgeschrittene: Ist das Pendel mit gleicher Ladung, aber halb so langem Pendel auch doppelt so schnell?

Spiel

Kegeln mit Pendel

- **Material**

  Ball (z. B. Tennisball), Schnur, flaches Brett oder ebener Untergrund, leere 0,5-Liter-Plastikflaschen
- **Umsetzung**

  Den Ball an einer mindestens 1,5 m langen Schnur befestigen und das andere Ende an einem geeigneten Ast oder der Turnstange festbinden. Der Ball sollte etwas mehr als eine Handbreit (ca. 15 cm) über dem Boden hängen. Die Flaschen als Kegel auf das Brett stellen.

  Jetzt das Pendel in Bewegung bringen und die Kegelflaschen umwerfen. Gelingt es, dass die Flaschen nur beim Rückwärtsschwung umgeworfen werden? Das braucht Übung! Selbstverständlich dürfen die Kegel auch markiert sein (Farben oder Zahlen).

Den ganzen Erfahrungsschatz und das ganze Wissen, das die Kinder sich im Freigelände erarbeiten, können die Kinder in der Konstruktion von Murmelbahnen einsetzten. Dabei geht es um Impulse, Reibung, schräge Ebenen, potenzielle Energie und vieles mehr.

8 Die Murmelbahn

Nicht nur Rundes ins Rollen bringen

Rollende Kugeln und Bälle üben auf Menschen jeden Alters eine große Faszination aus. Es gibt unzählige Ballspiele. Fragen Sie mal im Stuhlkreis, welche Ballspiele den Kindern einfallen? Erwachsenen fällt vielleicht Basketball, Kegeln, Billard, Bowling, Fußball oder Boule ein. Welche Spiele nennen die Kinder?

Keine Sportart, sondern »nur« ein Spielzeug sind Murmelbahnen. Ein sehr zeitloses Spielzeug. Reizvoll ist es nicht nur, eine Murmelbahn auszuprobieren, sondern auch, selbst eine eigene Bahn zu bauen. Wer viel mit kleineren Kindern zu tun hat und wegen der Verschluck-Gefahr nicht mit Murmeln arbeiten will, muss nicht darauf verzichten, sondern kann eine Bahn auch für größere Bälle gestalten (s. u. Variante A und B). Murmelbahnen eröffnen viel Raum für vielfältige naturwissenschaftliche Erfahrungen und sprechen viele Sinne an.

Immer sinnvoll – eine Murmelbahn

Mit der Spielplatz-Physik-Brille lassen sich beim Spiel mit der Murmelbahn die schiefe Ebene, Reibung, Hangabtriebskräfte und die Schwerkraft untersuchen.

Forscher in Aktion

Murmelbahn-Variationen

- **Einstiegssituationen**
  Rollen eines Balls an einem Hügel; Sandburgen als Murmelbahnen; Ball in einer Regenrinne; leere Röhren (Klopapier oder Küchenrolle); Kind benutzt Murmelbahn
- **Einstiegsfragen**
  - Kann ein Ball auch im Zickzack einen Berg oder eine Rutsche runterrollen?
  - Rollen alle Murmeln gleich schnell auf der Murmelbahn?
  - Kann ein Ball ewig rollen?
- **Material**
  Variante A: schräge Ebene vorhanden (z. B.) Hügel: Äste, Ball, Steine
  Variante B: Regenrinnen oder Plastikrohre (z. B. Drainagerohre aus dem Baumarkt): Tischtennis- oder Tennisball
  Variante C: Schlauch und Band oder Kabelbinder, Plastikflasche ohne Boden (als Trichter): Murmeln
  Variante D: ganze oder halbierte Pappröhren, Kleber: Murmeln

  Selbstverständlich lassen sich alle Materialien kombinieren, und es sind dem Erfindungsreichtum keine Grenzen gesetzt.
- **Umsetzung**
  Stellen Sie den Kindern Material zur Verfügung und bitten Sie die Kinder, eine Murmelbahn zu bauen. Oft entstehen kreativere Bahnen, wenn weniger unterschiedliche Materialien zur Verfügung stehen – Vielfalt kann Kinder manchmal auch überfordern. Es ist möglich, den Murmelbahn-Bau der Kinder mit den folgenden Impuls-Fragen anzuregen oder zu begleiten:

Forscherfragen

- Lassen sich das Klettergerüst oder die Rutsche als Murmelbahn nutzen?
- Wie könnte die Murmel/der Ball mal die Richtung wechseln?
- Wie rollt die Murmel/der Ball möglichst langsam, aber ohne liegenzubleiben?
- Wie könnte die Murmel oder der Ball eine möglichst lange Strecke zurücklegen?
- Rollen alle Murmeln und Bälle gleich gut oder schnell? Wie lässt sich das untersuchen? (Zeit stoppen oder Länge des Ausrollens messen?)
- Gibt es eine Möglichkeit, ein Signal zu bauen, das anzeigt, dass die Murmel am Ende der Bahn angekommen ist?
- Kann bei einer/eurer Murmelbahn die Murmel zwischendurch auch aufwärts rollen?

Wenn eine Murmelbahn aus flexiblen Schläuchen gebaut wird, können auch mehrere Kinder den Schlauch halten.

- Wie und wo muss das Kind stehen, bei dem die Murmelbahn startet?

Wenn mehrere Schläuche vorhanden sind, kann man die Murmeln um die Wette rollen lassen:

- Wie müssen die Schläuche gehalten werden, damit die Murmel mit möglichst großer Geschwindigkeit am unteren Ende herausrollt?

- **Weiterführende Idee**
  - Lässt sich die Geschwindigkeit der Murmel auf der Bahn beschleunigen, ohne die vorhandene Konstruktion zu ändern?
  - Wasser, Öl, Sand – was sind gute Materialien, um die Reibung auf der Murmelbahn zu verringern?

Guter Einfall: Mit Murmeln um die Ecke gespielt

Was haben die Kinder genutzt, damit die Murmel mal die Richtung wechselt? Viele Kinder haben auch hier schon ein intuitives Verständnis des Prinzips »Einfalls- gleich Ausfallswinkel«. Es lohnt sich, dies auf alle Fälle noch mal detaillierter »unter die Lupe« zu nehmen

Forscher in Aktion

Was passiert mit der Murmel an der Wand?

- **Einstiegssituationen**
  Richtungswechsel bei einer Murmelbahn; Spiele, bei denen ein Ball gegen die Wand geworfen wird; Murmelspiele; Kugelspiele wie Billard o. Ä.
- **Einstiegsfragen**
  - Bleibt eine Murmel an der Wand liegen, wenn die Murmel dagegen rollt?
  - In welcher Richtung springt der Ball von Wand wieder zurück?
- **Material**
  Murmeln oder größere Kugeln, Klebepunkte
- **Umsetzung**
  Die Kinder bekommen Murmeln oder andere Kugeln und sollen sie auf dem Boden gegen die Wand rollen lassen (je nach Wandbeschaffenheit kann diese mit Pappe geschützt werden).
  Bitte keine Flummis verwenden, da bei denen noch zusätzliche Kräfte am Werk sind!
  Markieren Sie eine Startlinie am Boden, von wo aus die Kinder die Murmeln gegen die Wand rollen lassen.

Forscherfragen

- Wie müssen die Murmeln rollen, damit diese genau zum Startpunkt zurückkommen?
- Wo landen die Murmeln, wenn diese schräg gegen die Wand rollen?

Markieren Sie Start und Zielpunkt der Murmeln. Können die Kinder anhand dieser Punkte sagen, wo die Murmel die Wand berührt hat?

Oft ist es leichter, den Kindern die folgende Aufgabe zu stellen: Schaffen die Kinder es, dass die Murmel an einem vorher ausgesuchten Punkt (Ziel) ankommt? Oder dort eine Spielfigur mit der Murmel umwirft?

Um dies zu können, muss im Kopf der Kinder ein Konzept vorliegen, was mit der Murmel an der Wand passiert und somit, dass es das Prinzip Einfalls- gleich Ausfallswinkel gibt. Wenn ein Kind zielsicher wird, dann teilt es sicher gerne den anderen Kindern mit, was diese zu tun haben, um zielsicherer zu werden.

Stillstand und Bewegung

An vielen Murmelbahnen können Kinder beobachten, dass nach Zusammenstößen (am Rand der Murmelbahn, mit anderen Murmeln) eine Murmel die Richtung verändert. Solch ein Stoß ist ein Impuls. Ein Impuls hat keine spezifischen Körpereigenschaften wie etwa Masse, Form oder Größe. Die Stärke des Impulses einer sich bewegenden Murmel lässt sich durch Übertragung der Bewegungsenergie auf eine andere Murmel sichtbar machen.

Lang anhaltender Impuls?

Die anstoßende Kugel (ggf. zwei Kugeln) überträgt ihre Bewegungsenergie, die sich aus ihrer Geschwindigkeit und ihrer Masse ergibt, durch die ruhende Kugelreihe hindurch.

Der Impuls, mit dem die erste Kugel angestoßen wurde, ist somit erhalten geblieben. Die Impulserhaltung ist einer der wichtigsten Erhaltungssätze der Physik.

Für uns ist der Vorgang der Impulsübertragung und der Impulserhaltung eigentlich nur deshalb so erstaunlich, weil die dazwischenliegenden Kugeln während des Vorgangs von außen betrachtet im Ruhezustand bleiben.

Forscher in Aktion

Anstoßversuche

- **Einstiegssituationen**

  Gegenstand, der sich z. B. in den Ästen eines Baumes verfangen hat und mit einem Ball heruntergeworfen wird; Murmelbahnen; Drängelei

- **Einstiegsfragen**
  - Wenn ihr dicht beieinander steht und ein Kind angeschubst wird, wie viele Kinder bewegen sich dann?
  - Kann eine rollende Murmel die Richtung ändern?
  - Wer kennt das Wort »Wucht«? Was könnte das Wort »wuchtig« bedeuten?

- **Material**

  5–7 gleich große Glasmurmeln, ein Bogen Tonkarton oder Pappe (DIN A3), 2 große schwere Bücher

- **Umsetzung**

  Der Bogen Tonkarton wird in der Mitte längs gefaltet und so zwischen die zwei Bücher gelegt, dass die Falte des Tonkartonbogens eine gleichmäßig waagerecht verlaufende Rinne bildet. Alle Kugeln, bis auf eine, werden ganz dicht, der Reihe nach, in die Papierrinne gelegt, so dass sie sich berühren. Mit der übrig gebliebenen Kugel werden die anderen Kugeln an einem Ende der Reihe »angestoßen«.

Der gleiche Versuch wird nun mit zwei oder mehr Kugeln durchgeführt, die gemeinsam an die Kugelreihe stoßen.

- **Weiterführende Ideen**
  - Wird die Bewegung besser oder schlechter weitergegeben, wenn anstelle der Murmeln Flummis, Tischtennisbälle oder Bälle aus Schaumstoff genommen werden?
  - Wie viele Murmeln kann man hintereinander legen und der Impuls wird »weitergereicht«?

Kopfstand für Murmeln – geht das?

Viele Kinder kommen ganz von selbst darauf, dass es doch möglich sein müsste, einen Looping – also ein ganz kurzes »Kopfüber« – in die eigene Murmelbahn zu integrieren.

Forscher in Aktion

Ausnahmsweise gewünscht – völlig überdreht!

- **Einstiegssituationen**
  Die Kinder erzählen vom Besuch in einem Freizeitpark oder hatten eine andere Gelegenheit, eine Achterbahn zu beobachten; Carrera-Bahn; Salto; Murmelbahnbau
- **Einstiegsfragen**
  - Wer weiß, was ein Looping ist?
  - Was passiert bei einem Looping?
  - Können Murmeln einen Looping machen?
  - Könnt ihr einen Looping in eure Murmelbahn einbauen?
- **Material**
  Besonders geeignet: Schlauch, Band oder Kabelbinder, Murmel – Was für Material-Ideen haben die Kinder?
- **Umsetzung**
  An einem Klettergerüst oder Treppengeländer lässt sich gut der Schlauch für die Murmelbahn festbinden. Wie viel Schwung braucht die Murmel, um sich einmal zu »überdrehen«? Wie kann ich der Murmel mehr Schwung zukommen lassen?
  Vielleicht schaffen es die Kinder – je nach Länge des Schlauches –, zwei Loopings in die Bahn zu integrieren?
  Was macht einen Looping schwieriger als eine Rechts- oder Linkskurve?

Bei einem Looping wirken sowohl die Fliehkraft als auch die Erdanziehungskraft in unterschiedliche Richtungen. Die Fliehkraft lässt sich auch mit folgenden Experimentierideen erfahren und erforschen.

Eltern in Aktion

Flugzeug-fliegen

Da für dieses Experiment einiges an Muskelkraft-Aufwand pro Kind nötig ist, bitten Sie die Eltern, dies Experiment mit den Kindern durchzuführen. Bei dieser Gelegenheit können sich die Eltern gleich über das aktuelle Projekt bzw. die naturwissenschaftliche Arbeit bei den Kindern informieren.

- **Einstiegssituationen**
  Karussell; Looping bei einer Murmelbahn; neuer Drehstuhl in der Einrichtung; Drehscheibe o. Ä. auf einem Spielplatz
- **Einstiegsfragen**
  - Wer ist schon mal Karussell gefahren?
  - Was war es für ein Gefühl, Karussell zu fahren?
  - Ist es leichter in ein drehendes oder in ein stehendes Karussell einzusteigen?
  - Ist es möglich, nur mit Menschen ein Karussell zu bauen?
- **Material**
  starke, schwindelfreie Erwachsene und Kind
- **Umsetzung**
  Der Erwachsene sollte (s)ein Kind an einem Bein und einem Arm festhalten und drehen. Bitte vorher auf die Bodenbeschaffenheit achten, damit die drehende Person nicht ausrutschen und das Kind sanft abgesetzt werden kann.

  Bitten Sie die Eltern, mit den Kindern, die folgenden Fragen zu beantworten:

Forscherfragen für Eltern und Kinder

- Bitte einmal links- und einmal rechtsherum drehen bzw. »Flugzeug fliegen«. War die Erfahrung unterschiedlich?
- War der Abstand des Kindes zum Boden immer gleich?
- Wer hat eine Idee, warum das Spiel auch unter dem Namen »Flugzeug fliegen« bekannt ist?
- Wann hat sich das Kind am schwersten angefühlt?

Faszinierende Fliehkraft

Damit die Kinder nicht nur Fliehkraft zu spüren bekommen bzw. erfahren, sollten die Kinder selber auch Fliehkraft verursachen. Dafür können Sie folgende sehr bekannte Experimentieridee mit den Kindern durchführen oder den Eltern als weiterführende Idee mitgeben.

Forscher in Aktion

Wasserkarussell

Der »Klassiker« für Erfahrungen mit der Fliehkraft ist der drehende Wassereimer. Bitte beim ersten Mal im Freigelände durchführen.

- **Einstiegssituation**
  »Flugzeug fliegen« gespielt; Karussell gefahren; Spiele mit Kreiseln; Wasser oder Tee in einer Tasse umrühren
- **Einstiegsfragen**
  - Könnt ihr sehen, wie die Flüssigkeit sich an den Rand drängt?
  - Passiert das mit Flüssigkeiten immer, wenn diese in einem Gefäß gerührt werden?
- **Material**
  Eimer mit stabilem Griff, Wasser oder Sand, Messbecher oder Glas
- **Umsetzung**
  Für dies Experiment ist eine Drehbewegung des Armes nötig. Üben Sie ggf. diese Bewegung mit den Kindern erst ohne und dann mit Eimer. Vergessen Sie nicht eine »Brems-Probe«! Wo sollte das Kind den gefüllten Eimer anhalten?

  Anschließend den Eimer maximal bis zur Hälfte mit einer definierten Menge Wasser oder Sand füllen (2 volle Gläser umfüllen oder Messbecher benutzten).

  Nun den Eimer in einer Hand mit dem Arm hin und her wiegen, und dann geht's ab in die Kreisbewegung. Die Bewegung anhalten.

  Bei wem hat sich der Inhalt verändert? Ist die Menge wirklich gleich geblieben, obwohl der Eimer über Kopf stand? Daher das Volumen des Wassers oder Sandes nochmals abmessen.

  Wiederholen Sie den Versuch, denn Wiederholen ist Überprüfen, und verlässliche Ergebnisse sind nicht nur für Kinder sehr wichtig!

Für die »Feinmotoriker« kann der folgende Versuchsaufbau genutzt werden, der ebenfalls die Fliehkraft verdeutlicht.

Forscher in Aktion

Verdreht – Murmel im Glas

- **Material**

  Glas und Murmel

- **Umsetzung**

  Die Murmel ins Glas geben und das Glas so bewegen, das sich die Murmel darin am Rand dreht. Dies ist feinmotorisch sehr schwierig, aber manche Kinder schätzen ja Herausforderungen! Wenn die Murmel gut am Rand rollt, das Glas – unter Beibehalten der Bewegung – umdrehen. Fällt die Murmel auf den Boden oder dreht sie weiter am Glasrand ihre Runden?

Forscher in Aktion

Klecker-Karussell

- **Einstiegssituationen**

  Kugelstoßen beobachten; Mixer in Aktion, der spritzt

- **Einstiegsfragen**
  - Bis wohin hat der Mixer gespritzt?
  - Wie kann der Teig diese Strecke zurücklegen?
  - Wer gibt den »Spritzern« den Schwung?

- **Material**

  Drehstuhl, Servier- oder Töpferscheibe, unterschiedliche Gegenstände wie z. B. Bauklötze, Löffel, Wollknäul, kleines Kuscheltier

- **Umsetzung**

  Jedes Kind sollte einen Gegenstand mitbringen, der auf der Drehscheibe oder dem Drehstuhl Platz hat. Die Drehscheibe in der Kreismitte aufstellen. Wählen sie ein »Anschwung«-Kind aus. Bitten Sie ein anderes Kind, seinen Gegenstand auf die Scheibe zu legen – und dann darf das »Anschwung«-Kind loslegen.

  Testen Sie einige Gegenstände nacheinander aus. Verändert sich die Lage des Gegenstandes? Wo hat das Kind den Gegenstand hingelegt? Hat das »Anschwung-Kind« immer denselben Schwung gegeben? Verändert die Drehung oder Karussellfahrt die Lage des Gegenstandes?

Forscherfragen

- Was passiert, wenn der Gegenstand genau in der Mitte der Drehscheibe liegt?
- Was passiert, wenn der Gegenstand noch mehr Anschwung bekommt?
- Falls ein Gegenstand von der Drehscheibe fällt, wenn sich diese dreht: Verändert sich der Abstand zu Drehscheibe beim Herunterfallen mit weniger oder mehr Anschwung?

Spielplatzphysik-Glossar

Hinterfragen – Erforschen – Nachlesen

Dieses Glossar ist für die Leserinnen und Leser gedacht, die über die Anregungen aus den vorausgegangenen Kapiteln wieder Freude an physikalischen Fragestellungen bekommen haben. Sie finden hier eine Erläuterung für einige ausgesuchte Fachausdrücke, die nicht in den Informationskästen im Hauptteil angesprochen worden sind. Wer Lust auf mehr Physik hat, dem sei der »Was ist was«-Band 46 »Mechanik« von Karl Pichol wärmstens empfohlen.

Ebenso ist das Glossar für diejenigen gedacht, die von einem Schlagwort aus etwas genauer untersuchen und entdecken wollen. Daher sind jeweils auch Querverweise auf die Aktionen im Hauptteil angegeben.

Arbeit

Ein gutes Beispiel für Arbeit im physikalischen Sinne ist das Stapeln von Bauklötzen oder Getränkekisten. Zum Heben von Bauklötzen wird Muskelkraft benötigt, und diese → *Kraft* wirkt auf den Bauklotz, solange dieser hochgehoben wird. Das Produkt aus der Verschiebung (Bauklotz vom Bauteppich auf z. B. die Turmspitze) und Kraft ist Arbeit. Generell wird in der Physik nur von Arbeit gesprochen, wenn ein → *Körper* durch Einwirken einer Kraft entlang eines Weges verschoben wird. Formal wird dies so ausgedrückt: Arbeit **W** (work) = Kraft **f** (force) × Verschiebung/Strecke **s**

Die Internationale Einheit (SI-Einheit) für Arbeit ist Joule. Ein Joule setzt sich ganz entsprechend zusammen: Kraft wird in Newton angegeben und eine Strecke in Meter – so entspricht die Maßeinheit von Arbeit genau der obigen Formel: Joule = Newton × Meter

→ *Forscher in Aktion: Türme bauen, Seite 40 f.*

Beschleunigung

Wird ein Fußball durch das Einwirken von (Muskel-)Kraft in seiner Bewegung schneller, wird der Ball beschleunigt. Ebenso kann ein Kind auf einer Rutsche durch die Wirkung der (→ *Hangabtriebs-)Kraft* schneller werden bzw. beschleunigen. Unter Beschleunigung versteht man in der Physik die immer schneller werdende Bewegungsänderung eines → *Körpers*, wie z. B. die Bewegungsänderung eines Balles. Genauer dient die Beschleunigung der Beschreibung, wie schnell eine Veränderung der Geschwindigkeit innerhalb einer bestimmten Zeit stattfindet.

→ *Forscher in Aktion: Energiegeladenes Purzelmännchen, Seite 69; Murmelbahn, Seite 79 ff.*

Drehmoment

Das Treten in die Pedale eines Fahrrades bewirkt die Drehung eines Zahnrades. Diese Drehung bewirkt, dass sich die Muskelkraft in eine Fortbewegung des Fahrrades umwandelt. Verallgemeinert ausgedrückt bedeutet dies, dass wenn ein → *Körper* sich drehen kann und eine Drehachse vorhanden ist, ein Drehmoment entstehen kann. Man spricht nur von einem Drehmoment, wenn eine

→ *Kraft* (in die Pedale treten) die Drehung des Körpers um die Drehachse verursacht. Die Wirkung dieser Kraft ist das Drehmoment.
→ *Drehmoment, Seite 53*

Energie
Energie ist für Kinder meist etwas genauso Abstraktes wie → *Kraft*, da z. B. elektrische Energie nicht so leicht mit den fünf Haupt-Sinnen erfasst werden kann. Der griechische Ursprung des Wortes »Energie« ist »energeia« und bedeutet so viel wie »wirkende Kraft« oder »das Treibende«. Energie kann auf ganz unterschiedliche Weise in einem System enthalten sein, u. a. → potenzielle Energie, Wärmeenergie oder kinetische Energie. Energie ist eine fundamentale physikalische Größe, die in fast allen Naturwissenschaften eine zentrale Rolle spielt. Die SI-Einheit von Energie ist Joule, das viele als Energieeinheit von unserer Nahrung kennen.
→ *Forscher in Aktion: Hier ist viel Potenzial drin, Seite 67*

Energieumwandlung
Zum Glück kann Energie nicht verloren gehen – sie kann aber umgewandelt werden. Bei Umwandlungen wird aus einer Energieart, z. B. Licht oder Wind, Bewegungsenergie, Wärmeenergie oder elektrische Energie. Bei Umwandlungen entstehen jedoch fast immer mehrere Energiearten. Die klassische Glühbirne hat elektrische Energie in Licht und zum großen Teil auch in Wärme umgewandelt. Daher war die Effizienz dieser Umwandlung für die Lichtproduktion nicht gut.

Im Alltag wird die Entstehung von mehreren Energiearten bei der Umwandlung von Energie z. B. in der Kraft-Wärme-Kopplung genutzt. Diese Kopplung bezeichnet die gleichzeitige Gewinnung von mechanischer Energie (für die Stromproduktion) und von nutzbarer Wärme z. B. für Fernwärme-Heizungen.
→ *Forscher in Aktion: Umwandlungskünstler Rutsche, Seite 68*

Erdanziehungskraft → Gravitation

Fliehkraft/Zentrifugalkraft
Wer im Kettenkarussel fährt, spürt diese → *Kraft* sehr deutlich: die Zentrifugal- oder Fliehkraft. Die Zentrifugalkraft wirkt nur auf → *Körper* in einer Kreisbahn (Mensch in einem Kettenkarussell, Wäsche in der Wäschtrommel, Zentrifuge). Die Fliehkraft zieht Körper vom Kreismittelpunkt weg, d. h. drückt sie nach außen. Für Astronauten wird derzeit erforscht, ob die Zentrifugalkraft im Weltraum die → Erdanziehungskraft wenigstens kurzzeitig ersetzten kann.
→ *Forscher in Aktion: Völlig überdreht, Seite 84; Flugzeug, Seite 85; Wasserkarussell, Seite 86*

Goldene Regel der Mechanik
Vielleicht sind Sie in Ihrer Einrichtung mit den Kindern schon mal gewandert. Wandert oder klettert jemand einen hohen Berg hinauf, ist dies → *Arbeit* und kostet → *Energie*. Um auf die Bergspitze zu

gelangen, kann entweder der direkte und kürzeste Weg gewählt werden oder der gemächliche und lange Weg, der nicht so steil und anstrengend ist. Die Erfahrungen zeigen, dass der kurze Weg viel →*Kraft* kostet und der lange Weg weniger Kraft kostet. Am Ende wird zwar dieselbe Energie benötigt (dasselbe Maß an Arbeit geleistet sein), um auf den Berg zu gelangen, auf dem längeren Weg wird jedoch weniger Kraft eingesetzt!

Das Kraftsparen ist möglich unter der Bedingung, dass ein längerer Weg zurückgelegt wird. Es gilt: halbe Kraft, dafür doppelter Weg oder: ein Viertel der Kraft, dafür der vierfache Weg. Da dieses mechanische Gesetz ständig und überall angewendet wird, wird es als die »Goldene Regel der Mechanik« bezeichnet: **Wenn Kraft gespart werden soll, muss ein längerer Weg zurückgelegt werden!**

→*Forscher in Aktion: Abgeladen, Seite 46; Hochgehoben, Seite 50*

Gravitation und Erdanziehungskraft

Diese Kraft ist so alltäglich, dass kaum ein Mensch sie wahrnimmt, und doch bestimmt die Gravitation sehr stark unseren Alltag. Wer würde am Morgen schon gerne einem Ball Kaffe hinterherschwimmen? Die Gravitation der Erde – die Erdanziehungskraft – bewirkt, dass der Kaffee im Becher bleibt und wir auf dem Boden stehen und nicht durch die Luft »schwimmen«. Allgemein bezeichnet Gravitation die →*Kraft* mit der zwei →*Körper* sich gegenseitig anziehen. Sie ist von der Masse der Körper und ihrem Abstand abhängig. Gravitation wohnt nicht nur der Erde, sondern allen Körpern inne. Da jedoch der »Körper« Erde so groß und im Vergleich zu uns Menschen so massereich ist, beeinflusst die Gravitation der Erde alle anderen Körper auf der Erde und hat daher den eigenen Namen Erdanziehungskraft bekommen.

Die Erdanziehungskraft sorgt u. a. dafür, dass wir schwer sind und Masse nach unten gezogen wird. Die Gewichtskraft eines Körpers ist daher die Kraft, mit der er von der Erde angezogen wird. Wir spüren diese Anziehungskraft deutlich, wenn wir z. B. einen schweren Rucksack tragen.

Die Einheit aller Kräfte – auch der Gravitation bzw. Erdanziehungskraft – ist Newton.

→*Forscher in Aktion: Fallen gefällig, Seite 36; Federleicht, Seite 38*

Hangabtriebskraft

Auf einer schiefen Ebene zu stehen ist gerade für jüngere Kinder oft nicht leicht. Dies liegt u. a. auch daran, dass die →*Erdanziehungskraft* nicht nur senkrecht nach unten zieht, sondern auch hangabwärts gerichtet ist. Diesen Teil bezeichnet man als Hangabtriebskraft . Die Hangabtriebsktraft entspricht anschaulich der →*Kraft*, mit der ein Objekt im Idealfall (ohne →*Reibungsverluste*) nach unten rutscht.

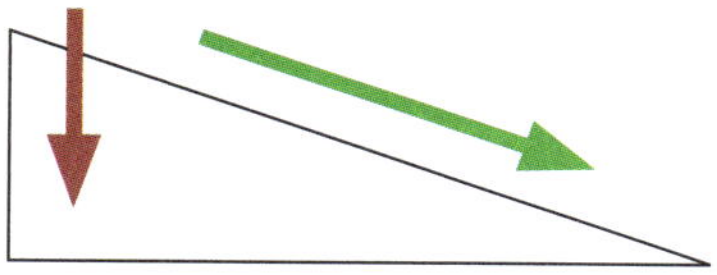

→*Forscher in Aktion: Kugeln und Kullern, Seite 47*

Hebel

Ein Flaschenöffner nutzt den einfachen Mechanismus eines Hebels, um den Deckel einer Flasche zu entfernen bzw. abzuhebeln. Generell werden Hebel genutzt, um Gewichte mit wenig Arbeitsaufwand anzuheben. Dabei besteht ein Hebel aus einer Stange (beim Flaschenöffner meist der Griff), die an einem Punkt (Flaschendeckel) aufliegt. An diesem Auflagepunkt kann eine Drehbewegung durchgeführt werden, weshalb dieser Punkt Drehachse genannt wird. Die Hebelwirkung kann erhöht werden, wenn die Entfernung zwischen dem Ansatzpunkt der → *Kraft* und der Drehachse vergrößert wird. Dies ist auch eine Anwendung der → *»Goldenen Regel der Mechanik«*: Ein langer Hebel spart Kraft!

→ *Forscher in Aktion: Schubkarre, Seite 51 ff.*

Impuls

Viele von Ihnen kennen sicherlich einen pädagogischen Impuls, der eine Anregung darstellt, der Personen oder Ideen in eine bestimmte Richtung lenken soll. Die Wucht, mit der ein Kind im Bewegungsraum in eine weiche Matte rennt oder hineinfällt, wird in der Physik »Impuls« genannt. Er bezeichnet die Bewegungsmenge oder auch Bewegungsgröße eines Körpers. Nur → *Körper*, die Masse haben und in Bewegung sind, haben einen Impuls.

→ *Forscher in Aktion: Schaukeln, Seite 72 f.; Anstoß, Seite 83 f.*

Körper

In der Physik wird alles, was Masse hat und Raum einnimmt, als Körper bezeichnet. Dies bedeutet für feste Körper, dass wo ein Körper ist, kein anderer Körper genau am selben Ort sein kann.

Kraft

Kräfte lassen sich nicht sehen, riechen, schmecken oder hören, aber die Wirkung von Kräften ist spürbar und oft sehr eindeutig. Kräfte rufen meist eine Zustandsänderung hervor. Eine Kraft kann z. B. einen → *Körper* verformen, den → *Reibungswiderstand* überwinden oder einen Körper (nach oben) bewegen. Es gibt viele verschiedene Formen von Kräften, die meist nach ihrer Wirkung, z. B. die → *Hangabtriebs*- oder Fliehkraft, oder ihrem Ursprung, z. B. Muskel- oder → *Erdanziehungskraft*, benannt sind. Die Internationale Einheit (SI-Einheit) für Kraft ist Newton.

→ *Forscher in Aktion: Ziehen, Seite 24 ff.; Halt ich Dich, Seite 27*

Potenzielle Energie und Lageenergie

Wasser in einem Stausee oder Sand auf einer angehobenen Schaufel besitzen eine → *Energie* aufgrund ihrer Lage (sie sind »oben«) bzw. eine potenzielle Energie, mit der der Sand runterfallen kann. Beim »Fallen« kann der Sand z. B. eine Sandmühle, das Wasser ein Mühlrad oder eine Kraftwerksturbine antreiben. Dabei wird die Lageenergie in Bewegungsenergie umgewandelt. Das Wort potenziell heißt so viel wie »möglich« oder »denkbar«. Die potenzielle Energie (Lageenergie) ist die Energie, die einem Körper zugeführt wird, wenn er in einem Gravitationsfeld angehoben wird. Sie ist

proportional zur Masse, zur Höhe und zur Gravitationsbeschleunigung. Die Energie, die ein → *Körper* aufgrund seiner Höhenlage hat, heißt daher auch Lage- oder Höhenenergie.
→ Forscher in Aktion: Hier ist viel Potenzial drin, Seite 67

Mechanik

Die Mechanik ist der historische Ursprung aller anderen physikalischen Disziplinen. Das Wort kommt aus dem Altgriechischen und bedeutet so viel wie »Handwerkskunst«. Mithilfe von Untersuchungen haben im alten Griechenland Wissenschaftler und Philosophen Gesetzmäßigkeiten aufgestellt. Aus der (klassischen) Mechanik sind viele Phänomene und Gesetze in diesem Buch zu finden. Mittlerweile ist die Mechanik nur noch ein Teilgebiet der Physik und beschäftigt sich vorwiegend mit der Bewegung von → *Körpern* und der Einwirkung von → *Kräften*. Viele mechanische Gesetzmäßigkeiten werden von Handwerkern und Baumeistern bereits seit der Antike genutzt, wie z. B. → *Hebel* und Flaschenzüge, die auch heute noch bei jedem Kran eingesetzt werden, um schwere Lasten zu bewegen.

Zur Mechanik gehören auch die Bewegungsgesetze, die die Bahnen der Himmelskörper berechnen.
→ Geschichte: Flaschenzug, Seite 49

Newtonsche Gesetze

(Aus: https://www.wdr.de/tv/wissenmachtah/bibliothek/newtonschegesetze.php5)
Sir Isaac Newton hat von 1673–1727 gelebt und drei ganz wichtige Bewegungsgesetze aufgeschrieben. Mithilfe dieser Bewegungsgesetze konnte Newton als Erster erklären, warum sich die Dinge so bewegen, wie sie es tun – ob Staubkorn oder Planet: Mit den drei Gesetzen kann man jede Bewegung erklären und vorhersagen.

Das **erste Gesetz** (Trägheitsprinzip) besagt, dass etwas einfach »träge« in der Position bleibt, in der es sich grade befindet, wenn keine → *Kraft* einwirkt. Ein Sack, der an einer Kordel herunterhängt, bleibt einfach bewegungslos hängen, wenn man ihn nicht anstößt. Von alleine passiert nichts.
→ Schnelles über Trägheit, Seite 39

Das **zweite Gesetz** (Grundgesetz der Mechanik) beschreibt, was passiert, wenn → *Kraft* auf etwas ausgeübt wird. Dann setzt sich die Sache in Bewegung, und zwar in gerader Linie in die Richtung, in welche die Kraft wirkt. Wenn jemand gegen einen anfgehängten Sack schlägt, schwingt der Sack exakt in die Richtung weiter, in die der Arm sich bewegt hat. Aber nicht nur das: Je nachdem wie stark gegen den Sack geschlagen worden ist, bewegt dieser sich schneller oder langsamer. Es kommt also auf die Kraft an, die auf den Sack einwirkt. Außerdem ist wichtig, wie groß die **Masse** ist. Je größer die Masse, desto mehr **Kraft** muss man aufwenden, um das Ganze in Bewegung zu setzen.
→ Forscher in Aktion: Ziehen, Seite 24; Pferdekutsche, Seite 25

Das **dritte Gesetz** (Wechselwirkungsprinzip) besagt, dass es zu einer → *Kraft* immer eine gleich große Gegenkraft gibt, die in die entgegengesetzte Richtung wirkt. Auch das kann man sich ganz einfach vorstellen: Wenn jemand auf dem Boden steht, dann zieht ihn die → *Erdanziehungskraft*

nach unten. Gleichzeitig drückt der Boden, auf dem die Person steht, mit der gleichen Kraft in die entgegengesetzte Richtung – also nach oben. Es herrscht ein **Gleichgewicht an Kräften**, das die Person an der Stelle hält, an der sie steht. Wenn der Boden nicht mit der gleichen Kraft drücken würde, würde der Mensch im Boden versinken wie in Wasser.
→ *Forscher in Aktion: Tauziehen, Seite 26 f.*

Pendel

Mit dem Einzug von digitalen Uhren sind die klassischen Uhrenpendel den Kindern nicht mehr so geläufig, da Pendel jedoch eine gute Veranschaulichung von Schwingung bieten und Schwingungen in der Physik von großer Bedeutung sind, lohnt es sich, Pendel und deren Bewegung genauer zu betrachten. Pendel sind → *Körper* wie z. B. eine Schiffschaukel, die an eine Achse oder einem Punkt außerhalb ihres Schwerpunktes drehbar angebracht sind und um die eigene Ruheposition (Ein-und Ausstieg aus der Schiffschaukel) schwingen können. Die Pendelfrequenz (Schwingfrequenz) eines Pendels hängt nur von der Länge der Aufhängung, nicht von der Pendelmasse ab.
→ *Forscher in Aktion: Schaukel, Seite 70 ff.; Pendel, Seite 76*

Reibung

Immer wieder gibt es Beschreibungen von einem Perpetuum mobile, wie z. B. auch in Michael Endes Roman »Jim Knopf und die Wilde 13«. Dort wird die Lokomotive Emma durch eine Konstruktion mit starken Magneten in eine Flugmaschine verwandelt. Leider ist der Bau eines Perpetuum mobile ein Ding der Unmöglichkeit. Einen großen Anteil daran haben die »Reibungsverluste«. Jeder weiß, dass man auf dem Laufrad immer wieder Anschwung geben muss. Ist ein Reifen gut aufgepumpt, ist die Reibung geringer als z. B. mit einem wenig aufgepumpten oder gar platten Reifen. Viele moderne Roller haben daher auch keine Räder mit Luftreifen mehr. Die Oberflächenbeschaffenheit ist für die Art und Stärke der Reibung sehr wichtig, da Reibung immer auftritt, wenn zwei Oberflächen aufeinanderkommen bzw. sich gegeneinander bewegen. Man kann Reibung auch als Haftkraft verstehen, denn ohne diese würden unsere Füße immer wegrutschen.
→ *Forscher in Aktion: RiRaRutsch, Seite 61; Auf die Plätze, Seite 63 ff.*

Literatur / Links

– nicht nur für pädagogische Fachkräfte

Fachliteratur

Arnold, N.: Räder, Hebel und Schrauben: Technik einfach gut erklärt – Tolle Maschinen zum Selberbauen, Carlsen Verlag 2013.

Beins, J.: Bauen und Konstruieren als lustvolles Lernen, Kindergarten heute 1/2005, http://www.kindergarten-heute.de/zeitschrift/hefte/heft_inhalt.html?k_beitrag=2325992

Holst, F.: Physik für Kids : Physik endlich richtig verstehen und sogar Spaß daran haben!, Spreeside-Verlag, Berlin 2008.

Largo, R.H.: Kinderjahre. Die Individualität des Kindes als erzieherische Herausforderung, Piper, München 1999.

Physik: Warum ist der Himmel blau? Wie Wissenschaft uns den Alltag erklärt, Geo Kompakt 35/2013

Pichol, K.: Mechanik (Was ist was, Band 046): Mechanik, Tesslof Verlag, Nürnberg 2006.

Tillmanns, A.: Floßfahrt, Wippe und Regenbogen: Spielerisch die Welt der Physik entdecken, Dreieck-Verlag, Wiltingen 2011.

Walpole, B.: Experimente, Tricks und Tips zum Verständnis der Natur. Lernen und Wissen im Spiel und mit Spaß, Südwest-Verlag, München 1990[3].

Zimmer, R.: Handbuch der Psychomotorik: Theorie und Praxis der psychomotorischen Förderung von Kindern, Herder 2012[13] (1. Ausg. der überarb. Neuausgabe).

Links

Hintergrundwissen

http://www.lernstunde.de/thema/kraefte/grundwissen.htm

http://www.ph-kaernten.ac.at/fileadmin/_institute/sekundarstufe/2009/Nawizentrum/Dokumente/NAWI_Sammelmappe_Kindergarten1.pdf

http://www.wdr.de/tv/wissenmachtah/bibliothek/doppelpendel.php5

http://www.leifiphysik.de/

http://www.didaktik.physik.uni-duisburg-essen.de/~backhaus/pdfs_fuer_Webseite/PG_Schwungbewegungen.pdf

http://schulphysikwiki.de/index.php/Die_Kraft

http://www.bibernetz.de/wws/reihe-mint.php?sid=69448191903505180738014291429480

Pädagogische Themen

http://www.betrifftkinder.de/zeitschrift/betrifft-kinder/betrifft-kinder-2007/bk-0707/278-wie-kommt-die-welt-in-unsere-koepfe.html

Die richtige Frage zur richtigen Zeit, Jos Elstgeest, Digitale Bibliothek, Aus dem Englischen von Ilka Wentzcke,© Ilka Wentzcke für die Übersetzung 1987, 2001. (http://www.entdeckendes-lernen.de/3biblio/praxis/richtigefrage.htm)

http://www.betrifftkinder.de/zeitschrift/betrifft-kinder/betrifft-kinder-2012/bk-32012/580-mehr-wildnis-wagen.html

http://www.haus-der-kleinen-forscher.de/de/forschen/paedagogik/

Praxisideen – nicht nur für Kinder

http://www.haus-der-kleinen-forscher.de/de/forschen/experimente-praxisideen/http://www.physikfuerkids.de/

http://www.kidsundco.de/experimente

http://www.nela-forscht.de/2011/09/28/erdanziehungskraft-sehen/

http://www.kinder-leichte-experimente.de/000001985b0d93482/03348499a6006e40d/index.html

http://www.zukunft-der-energie.de/fileadmin/docs/pdf/Kontexis_AH-3.pdf

http://www.kugelbahn.info/deutsch/haupt/einl.html

http://www.sandkasten-ingenieure.de/assets/files/12._Versuch_Schwerpunkt_Gleichgewicht.pdf

http://users.physik.tu-muenchen.de/cucke/publicat.htm

http://www.forscherquartett.de/index.php?page=Thread&threadID=44

http://www.primaryscience.ie/media/pdfs/col/acrobatic_clown.pdf

Dank

Ich bedanke mich sehr herzlich bei meiner Familie, meinem Mann und meinen kleinen Forscherinnen und Forschern, die mich sehr bei der Arbeit zu diesem Buch unterstützt haben.
Ebenso bedanke ich mich sehr herzlich bei Dr. Babara Wiesand-Valk, die mir immer in physikalischen Fragen prompt zu Rate stand.

Allen Mitarbeiterinnen und Mitarbeitern im Ev. Kindergarten Schulweg gilt mein Dank, da sie mir immer wieder Rückmeldung und Ideen zur praktischen Umsetzung im Kindergartenalltag geben und gegeben haben.

Einen großen Dank möchte ich auch Frau Pia Haferkorn aussprechen, die mich sehr kompetent, motivierend und herzlich im gesamten Prozess zu diesem Buch beraten und begleitet hat.